AF346656

AU

JARDIN DE L'INFANTE

CARLOS SCHWABE 1904

ALBERT SAMAIN

AU
JARDIN DE L'INFANTE

Compositions
de
CARLOS SCHWABE
gravées sur bois par
J. C. G. M. BELTRAND

LE LIVRE CONTEMPORAIN
PARIS 1908

Was it not Fate, that, on this July midnight,
Was it not Fate (whose name is also Sorrow)
That bade me pause before that garden gate
To breathe the incense of those slumbering roses?

. . . .

. . . .

(Ah! bear in mind this garden was enchanted!)

EDGAR ALLAN POE.

Mon âme est une infante en robe de parade,
Dont l'exil se reflète, éternel et royal,
Aux grands miroirs déserts d'un vieil Escurial,
Ainsi qu'une galère oubliée en la rade.

Aux pieds de son fauteuil, allongés noblement,
Deux lévriers d'Écosse aux yeux mélancoliques
Chassent, quand il lui plaît, les bêtes symboliques
Dans la forêt du Rêve et de l'Enchantement.

Son page favori, qui s'appelle Naguère,
Lui lit d'ensorcelants poèmes à mi-voix,
Cependant qu'immobile, une tulipe aux doigts,
Elle écoute mourir en elle leur mystère...

Le parc alentour d'elle étend ses frondaisons,
Ses marbres, ses bassins, ses rampes à balustres ;
Et, grave, elle s'enivre à ces songes illustres
Que recèlent pour nous les nobles horizons.

Elle est là résignée, et douce, et sans surprise,
Sachant trop pour lutter comme tout est fatal,
Et se sentant, malgré quelque dédain natal,
Sensible à la pitié comme l'onde à la brise.

Elle est là résignée, et douce en ses sanglots,
Plus sombre seulement quand elle évoque en songe
Quelque Armada sombrée à l'éternel mensonge,
Et tant de beaux espoirs endormis sous les flots.

Des soirs trop lourds de pourpre où sa fierté soupire,
Les portraits de Van Dyck aux beaux doigts longs et purs,
Pâles en velours noir sur l'or vieilli des murs,
En leurs grands airs défunts la font rêver d'empire.

Les vieux mirages d'or ont dissipé son deuil,
Et dans les visions où son ennui s'échappe,
Soudain — gloire ou soleil — un rayon qui la frappe
Allume en elle tous les rubis de l'orgueil.

Mais d'un sourire triste elle apaise ces fièvres;
Et, redoutant la foule aux tumultes de fer,
Elle écoute la vie — au loin — comme la mer...
Et le secret se fait plus profond sur ses lèvres.

Rien n'émeut d'un frisson l'eau pâle de ses yeux,
Où s'est assis l'Esprit voilé des Villes mortes;
Et par les salles, où sans bruit tournent les portes,
Elle va, s'enchantant de mots mystérieux.

L'eau vaine des jets d'eau là-bas tombe en cascade,
Et, pâle à la croisée, une tulipe aux doigts,
Elle est là, reflétée aux miroirs d'autrefois,
Ainsi qu'une galère oubliée en la rade.

Mon âme est une infante en robe de parade.

HEURES D'ÉTÉ

I

Apporte les cristaux dorés,
Et les verres couleur de songe ;
Et que notre amour se prolonge
Dans les parfums exaspérés.

Des roses ! Des roses encor !
Je les adore à la souffrance.
Elles ont la sombre attirance
Des choses qui donnent la mort.

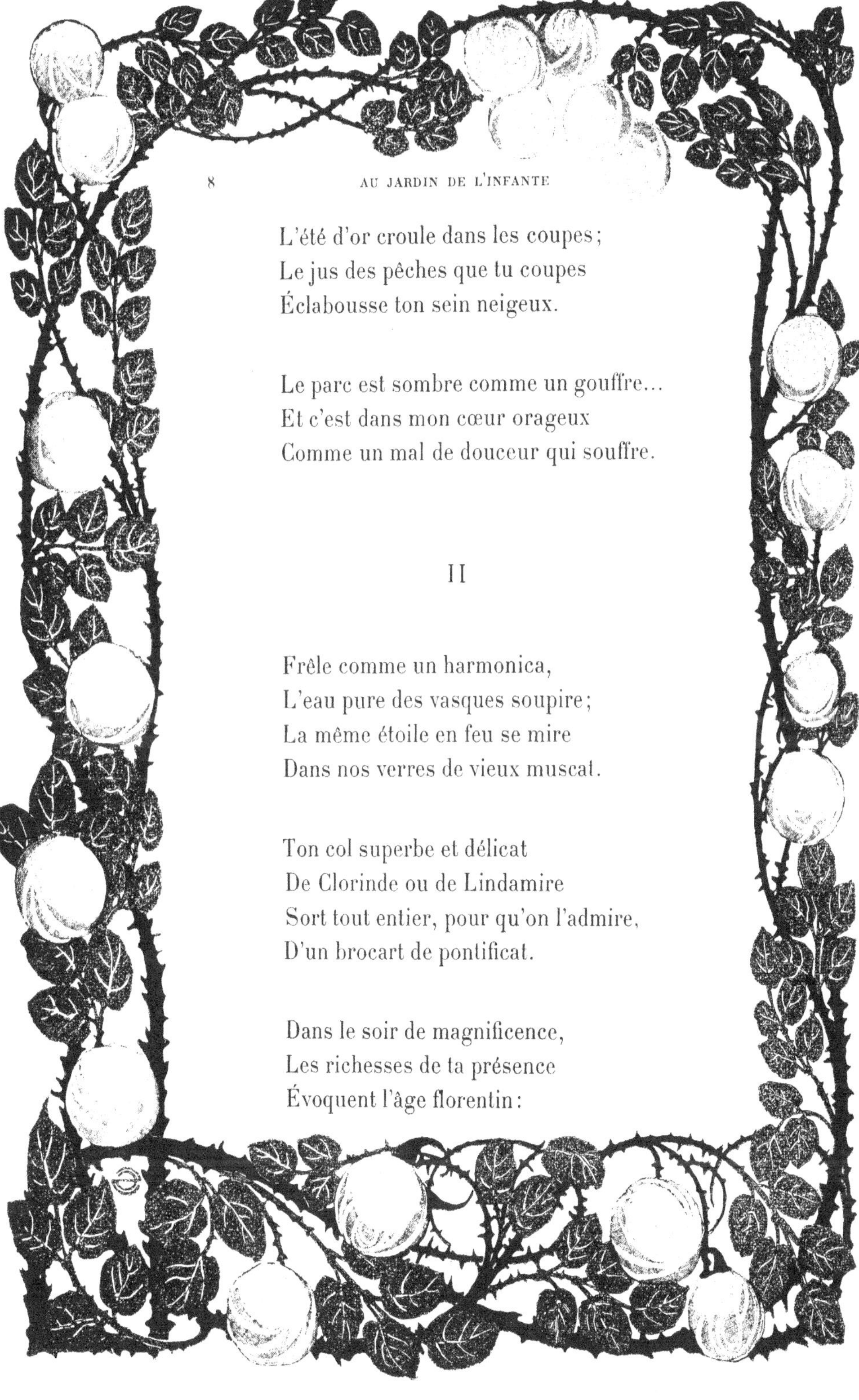

L'été d'or croule dans les coupes ;
Le jus des pêches que tu coupes
Éclabousse ton sein neigeux.

Le parc est sombre comme un gouffre…
Et c'est dans mon cœur orageux
Comme un mal de douceur qui souffre.

II

Frêle comme un harmonica,
L'eau pure des vasques soupire ;
La même étoile en feu se mire
Dans nos verres de vieux muscat.

Ton col superbe et délicat
De Clorinde ou de Lindamire
Sort tout entier, pour qu'on l'admire,
D'un brocart de pontificat.

Dans le soir de magnificence,
Les richesses de ta présence
Évoquent l'âge florentin :

Et vers le ciel fin de turquoise
Monte des coupes du festin,
Suave, un songe de framboise.

III

Lune de cuivre — Parfums lourds…
Comme des lampes sous un dôme,
Les astres brûlent ; l'heure embaume ;
Les fleurs dorment dans le velours.

L'âme en langueur des jardins sourds
Exhale d'étouffants aromes.
L'eau des porphyres polychromes
Dans les bassins pleure, toujours.

Nulle ombre de feuille qui bouge…
Seule, ta lèvre éclate, rouge,
A la flamme du haut flambeau ;

Et tu sembles, dans l'air nocturne,
Dure et fatale comme l'urne
Impénétrable d'un tombeau.

IV

Les grands Jasmins épanouis
Vibrent dans les chaudes ténèbres...
Seuls, les Parfums règnent, funèbres,
Sur les jardins évanouis.

La phalène en silence vers
La flamme d'or se précipite.
Dans l'obscurité qui palpite
Tes yeux verts rêvent, grands ouverts.

Tes yeux verts, ô ma Bien-Aimée,
Rêvent dans l'ombre parfumée
D'affreux supplices pour les cœurs;

Et ton nez irrité respire
Dans l'étouffement des odeurs
Des fêtes sanglantes d'empire!

V

Ton menton pose dans ta main;
Tes lèvres songent, évasives,
Tes prunelles dorment, pensives,
Sur une branche de jasmin...

La bouche brûlant de carmin,
Sous tes parures excessives
Tu prends, dans les ombres massives,
L'air fabuleux et surhumain.

Et mon amour qui s'exacerbe
Devant ton silence superbe
Cherche en vain, sans trouver la paix,

Ce je ne sais quoi de ton âme,
De ton cœur, de tes sens, ô femme,
Qu'il ne possédera jamais.

VI

Il pleut des pétales de fleurs.
La flamme se courbe au vent tiède.
De mes deux yeux je te possède,
Et mes yeux ont besoin de pleurs.

Vieille argile faite aux douleurs,
Quel goût de souffrir sans remède
Harcèle ainsi le cœur qui cède...
Il pleut des pétales de fleurs.

Les roses meurent, chaque et toutes...
Je ne dis rien, et tu m'écoutes
Sous tes immobiles cheveux.

L'amour est lourd — Mon âme est lasse...
Quelle est donc, Chère, sur nous deux
Cette aile en silence qui passe?

MUSIQUE SUR L'EAU

Oh ! écoute la symphonie ;
Rien n'est doux comme une agonie
Dans la musique indéfinie
Qu'exhale un lointain vaporeux ;

D'une langueur la nuit s'enivre,
Et notre cœur, qu'elle délivre
Du monotone effort de vivre,
Se meurt d'un trépas langoureux.

Glissons entre le ciel et l'onde,
Glissons sous la lune profonde ;
Toute mon âme, loin du monde,
S'est réfugiée en tes yeux,

Et je regarde tes prunelles
Se pâmer sous les chanterelles,
Comme deux fleurs surnaturelles
Sous un rayon mélodieux.

Oh ! écoute la symphonie ;
Rien n'est doux comme l'agonie
De la lèvre à la lèvre unie
Dans la musique indéfinie…

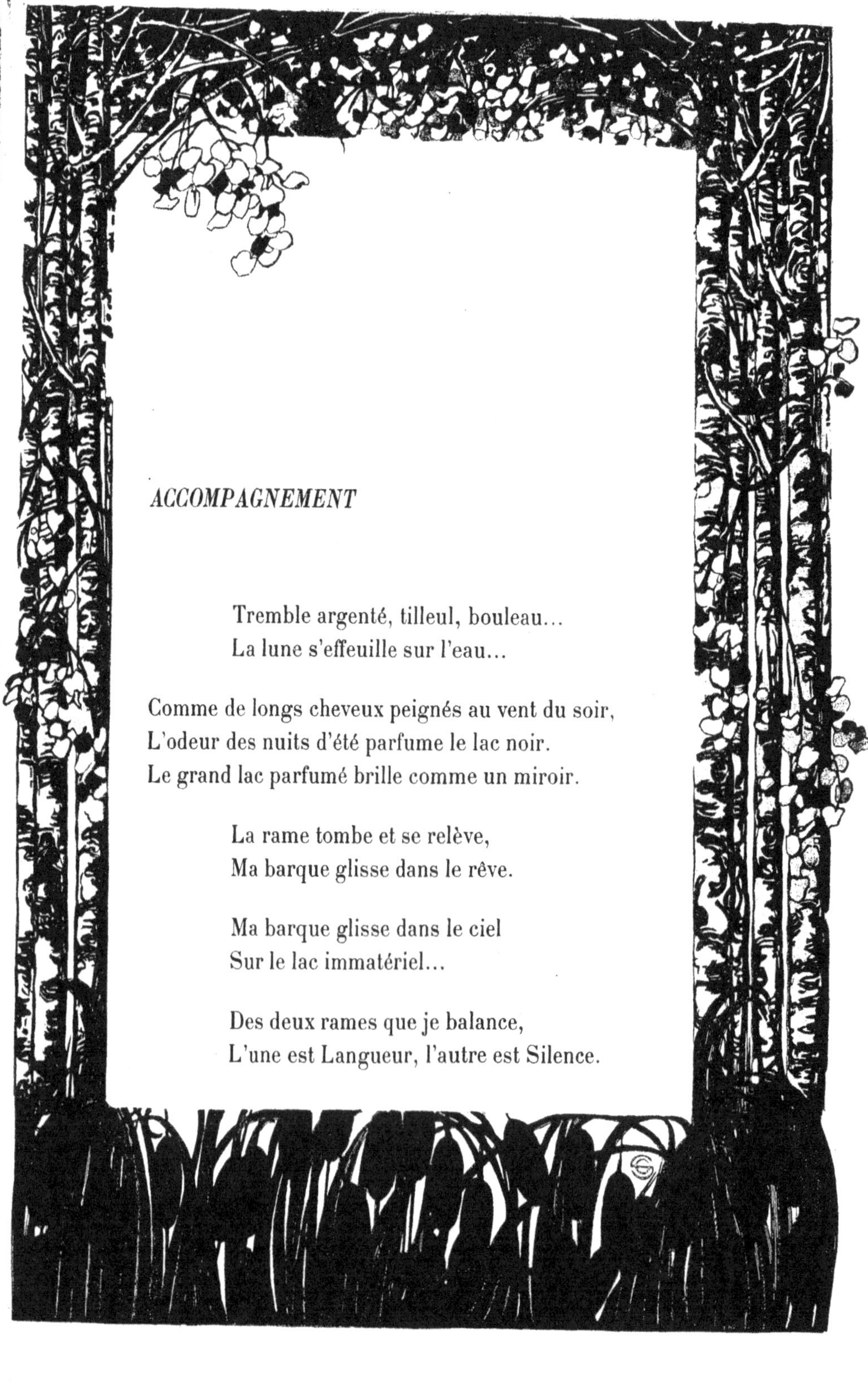

ACCOMPAGNEMENT

Tremble argenté, tilleul, bouleau…
La lune s'effeuille sur l'eau…

Comme de longs cheveux peignés au vent du soir,
L'odeur des nuits d'été parfume le lac noir.
Le grand lac parfumé brille comme un miroir.

La rame tombe et se relève,
Ma barque glisse dans le rêve.

Ma barque glisse dans le ciel
Sur le lac immatériel…

Des deux rames que je balance,
L'une est Langueur, l'autre est Silence.

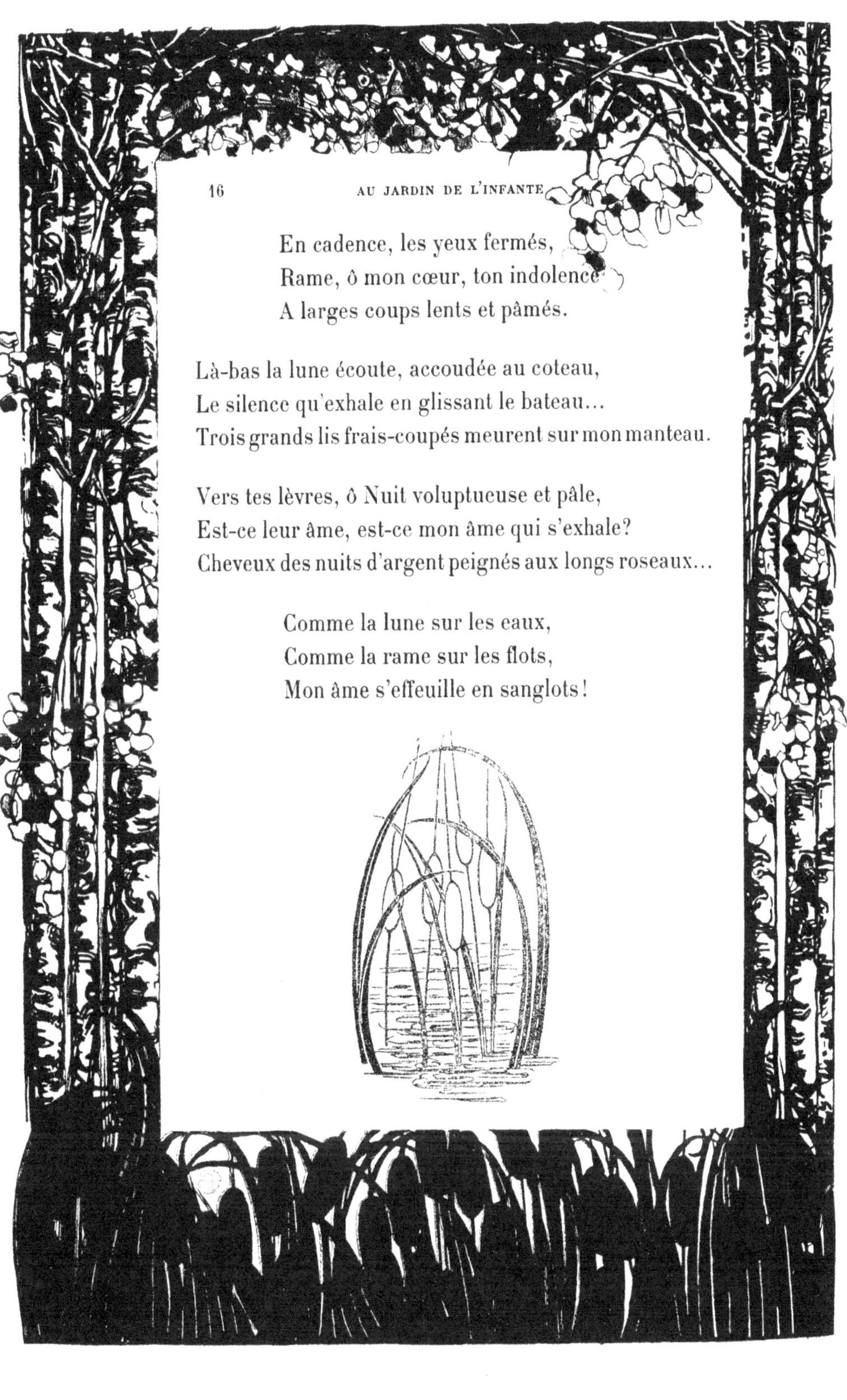

En cadence, les yeux fermés,
Rame, ô mon cœur, ton indolence
A larges coups lents et pâmés.

Là-bas la lune écoute, accoudée au coteau,
Le silence qu'exhale en glissant le bateau...
Trois grands lis frais-coupés meurent sur mon manteau.

Vers tes lèvres, ô Nuit voluptueuse et pâle,
Est-ce leur âme, est-ce mon âme qui s'exhale?
Cheveux des nuits d'argent peignés aux longs roseaux...

Comme la lune sur les eaux,
Comme la rame sur les flots,
Mon âme s'effeuille en sanglots!

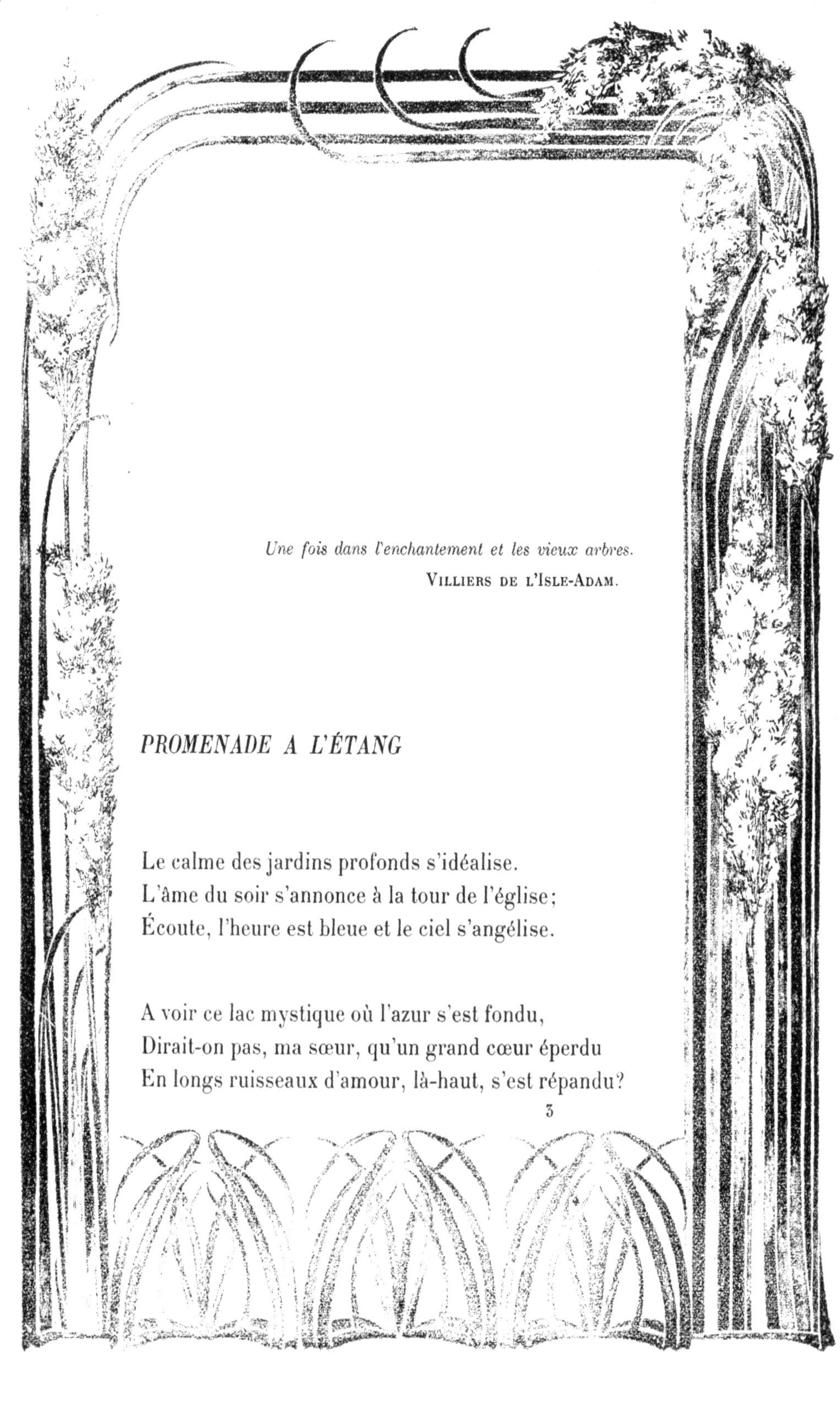

PROMENADE A L'ÉTANG

Le calme des jardins profonds s'idéalise.
L'âme du soir s'annonce à la tour de l'église ;
Écoute, l'heure est bleue et le ciel s'angélise.

A voir ce lac mystique où l'azur s'est fondu,
Dirait-on pas, ma sœur, qu'un grand cœur éperdu
En longs ruisseaux d'amour, là-haut, s'est répandu ?

3

L'ombre lente a noyé la vallée indistincte.
La cloche, au loin, note par note, s'est éteinte,
Emportant comme l'âme frêle d'une sainte.

L'heure est à nous ; voici que, d'instant en instant,
Sur les bois violets au mystère invitant,
Le grand manteau de la Solitude s'étend.

L'étang moiré d'argent, sous la ramure brune,
Comme un cœur affligé que le jour importune,
Rêve à l'ascension suave de la lune…

Je veux, enveloppé de tes yeux caressants,
Je veux cueillir, parmi les roseaux frémissants,
La grise fleur des crépuscules pâlissants.

Je veux au bord de l'eau pensive, ô Bien-Aimée,
A ta lèvre d'amour et d'ombre parfumée
Boire un peu de ton âme, à tout soleil fermée.

Les ténèbres sont comme un lourd tapis soyeux,
Et nos deux cœurs, l'un près de l'autre, parlent mieux
Dans un enchantement d'amour silencieux.

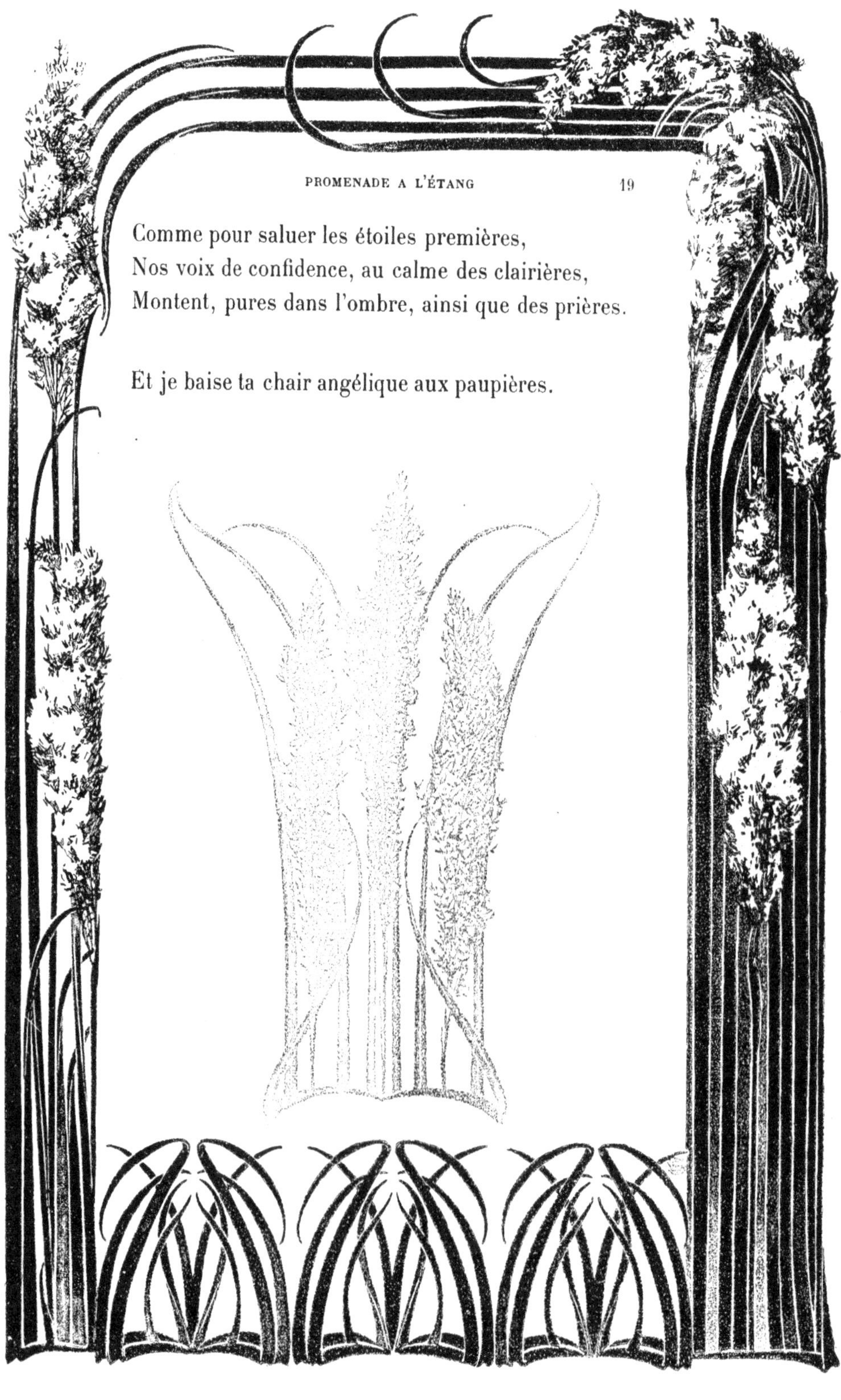

Comme pour saluer les étoiles premières,
Nos voix de confidence, au calme des clairières,
Montent, pures dans l'ombre, ainsi que des prières.

Et je baise ta chair angélique aux paupières.

AUTOMNE

A pas lents et suivis du chien de la maison,
Nous refaisons la route à présent trop connue.
Un pâle automne saigne au fond de l'avenue,
Et des femmes en deuil passent à l'horizon.

Comme dans un préau d'hospice ou de prison,
L'air est calme et d'une tristesse contenue ;
Et chaque feuille d'or tombe, l'heure venue,
Ainsi qu'un souvenir, lente, sur le gazon.

Le Silence entre nous marche… Cœurs de mensonges,
Chacun, las du voyage, et mùr pour d'autres songes,
Rêve égoïstement de retourner au port.

Mais les bois ont, ce soir, tant de mélancolie
Que notre cœur s'émeut à son tour et s'oublie
A parler du passé, sous le ciel qui s'endort,

Doucement, à mi-voix, comme d'un enfant mort…

LARMES

Larmes aux fleurs suspendues,
Larmes de sources perdues
Aux mousses des rochers creux ;

Larmes d'automne épandues,
Larmes de cors entendues
Dans les grands bois douloureux ;

Larmes des cloches latines,
Carmélites, Feuillantines...
Voix des beffrois en ferveur ;

Larmes, chansons argentines
Dans les vasques florentines
Au fond du jardin rêveur ;

Larmes des nuits étoilées,
Larmes de flûtes voilées
Au bleu du parc endormi ;

Larmes aux longs cils perlées,
Larmes d'amante coulées
Jusqu'à l'âme de l'ami ;

Gouttes d'extase, éplorement délicieux,
Tombez des nuits ! tombez des fleurs ! tombez des yeux !

Et toi, mon cœur, sois le doux fleuve harmonieux
Qui, riche du trésor tari des urnes vides,
Roule un grand rêve triste aux mers des soirs languides.

A GABRIEL RANDON

ÉLÉGIE

Quand la nuit verse sa tristesse au firmament,
Et que, pâle au balcon, de ton calme visage
Le signe essentiel hors du temps se dégage,
Ce qui t'adore en moi s'émeut profondément.

C'est l'heure de pensée où s'allument les lampes.
La ville, où peu à peu toute rumeur s'éteint,
Déserte, se recule en un vague lointain
Et prend cette douceur des anciennes estampes.

Graves, nous nous taisons. Un mot tombe parfois,
Fragile pont où l'âme à l'âme communique.
Le ciel se décolore; et c'est un charme unique
Cette fuite du temps, il semble, entre nos doigts.

Je resterais ainsi des heures, des années,
Sans épuiser jamais la douceur de sentir
Ta tête aux lourds cheveux sur moi s'appesantir,
Comme morte parmi les lumières fanées.

C'est le lac endormi de l'heure à l'unisson,
La halte au bord du puits, le repos dans les roses;
Et par de longs fils d'or nos cœurs liés aux choses
Sous l'invisible archet vibrent d'un long frisson.

Oh! garder à jamais l'heure élue entre toutes,
Pour que son souvenir, comme un parfum séché,
Quand nous serons plus tard las d'avoir trop marché,
Console notre cœur, seul, le soir, sur les routes.

Voici que les jardins de la Nuit vont fleurir.
Les lignes, les couleurs, les sons deviennent vagues.
Vois, le dernier rayon agonise à tes bagues.
Ma sœur, entends-tu pas quelque chose mourir!...

Mets sur mon front tes mains fraîches comme une eau pure,
Mets sur mes yeux tes mains douces comme des fleurs ;
Et que mon âme, où vit le goût secret des pleurs,
Soit comme un lis fidèle et pâle à ta ceinture.

C'est la Pitié qui pose ainsi son doigt sur nous ;
Et tout ce que la terre a de soupirs qui montent,
Il semble qu'à mon cœur enivré le racontent
Tes yeux levés au ciel si tristes et si doux.

EVEN-TIDE

Dans la lente douceur d'un soir des derniers jours,
La ville haletante exhale ses fumées.
Frère de nonchaloir, le fleuve aux eaux lamées
Roule un flot de légende au pied des vieilles tours.

Le peuple, regagnant sans hâte sa demeure,
Fait sonner sous ses pas la pierre du vieux pont,
Dont l'âme fatiguée aux siècles lui répond,
Dans cette lassitude indicible de l'heure.

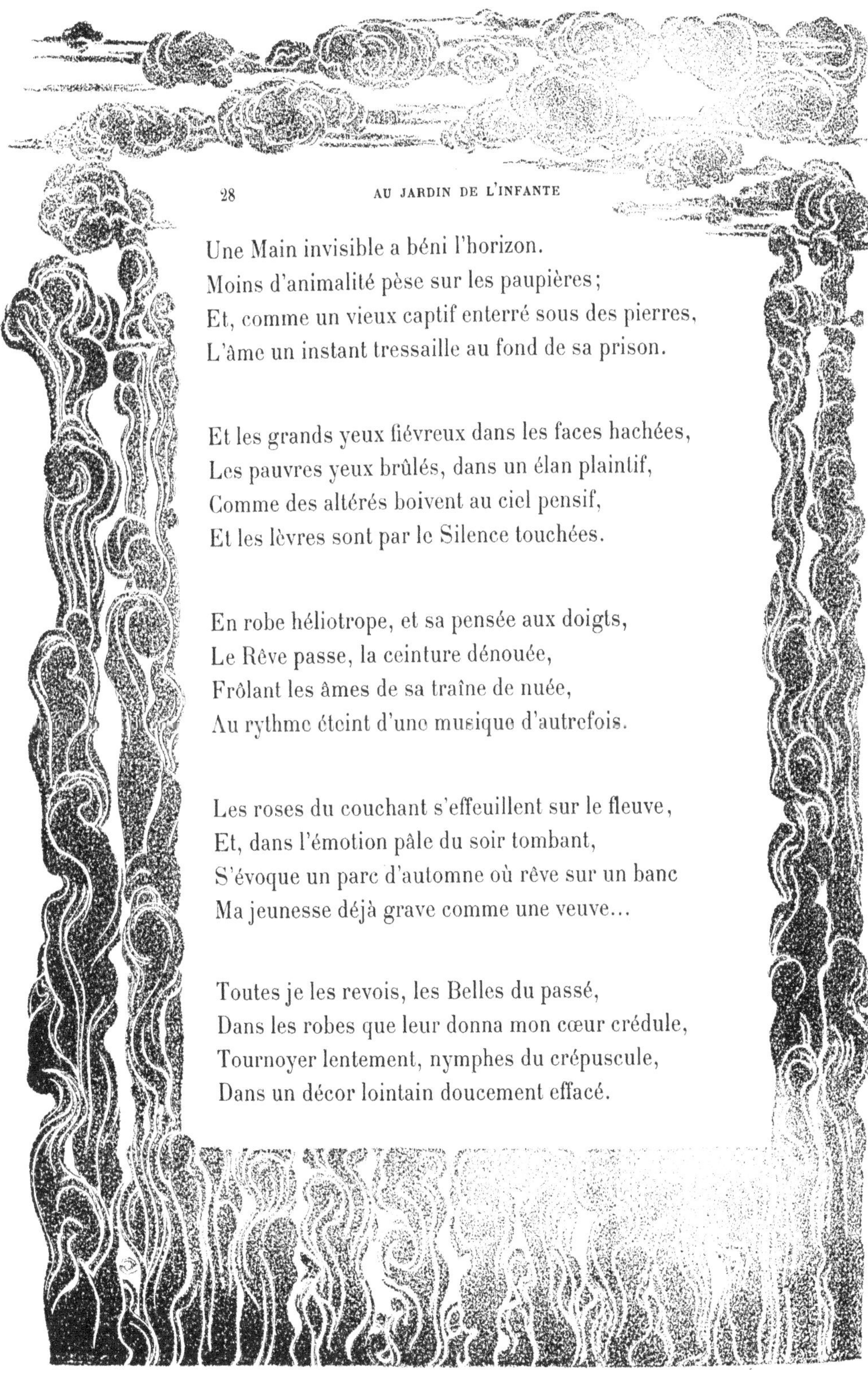

Une Main invisible a béni l'horizon.
Moins d'animalité pèse sur les paupières ;
Et, comme un vieux captif enterré sous des pierres,
L'âme un instant tressaille au fond de sa prison.

Et les grands yeux fiévreux dans les faces hachées,
Les pauvres yeux brûlés, dans un élan plaintif,
Comme des altérés boivent au ciel pensif,
Et les lèvres sont par le Silence touchées.

En robe héliotrope, et sa pensée aux doigts,
Le Rêve passe, la ceinture dénouée,
Frôlant les âmes de sa traîne de nuée,
Au rythme éteint d'une musique d'autrefois.

Les roses du couchant s'effeuillent sur le fleuve,
Et, dans l'émotion pâle du soir tombant,
S'évoque un parc d'automne où rêve sur un banc
Ma jeunesse déjà grave comme une veuve...

Toutes je les revois, les Belles du passé,
Dans les robes que leur donna mon cœur crédule,
Tournoyer lentement, nymphes du crépuscule,
Dans un décor lointain doucement effacé.

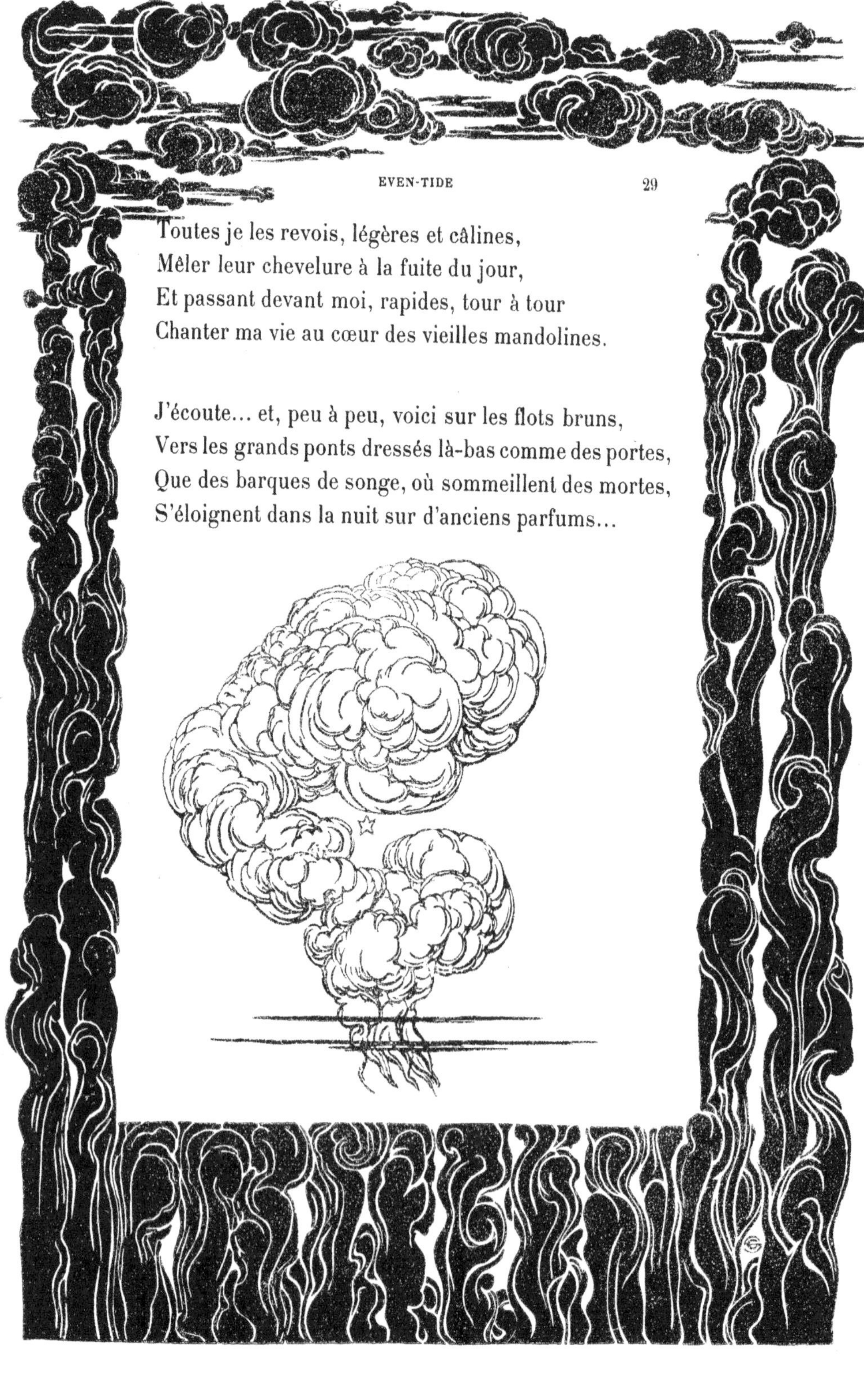

Toutes je les revois, légères et câlines,
Mêler leur chevelure à la fuite du jour,
Et passant devant moi, rapides, tour à tour
Chanter ma vie au cœur des vieilles mandolines.

J'écoute... et, peu à peu, voici sur les flots bruns,
Vers les grands ponts dressés là-bas comme des portes,
Que des barques de songe, où sommeillent des mortes,
S'éloignent dans la nuit sur d'anciens parfums...

OCTOBRE

Octobre est doux — L'hiver pèlerin s'achemine
Au ciel où la dernière hirondelle s'étonne.
Rêvons... le feu s'allume et la bise chantonne.
Rêvons... le feu s'endort sous sa cendre d'hermine.

L'abat-jour transparent de rose s'illumine.
La vitre est noire sous l'averse monotone.
Oh! le doux « remember » en la chambre d'automne,
Où des trumeaux défunts l'âme se dissémine.

La ville est loin. Plus rien qu'un bruit sourd de voitures
Qui meurt, mélancolique, aux plis lourds des tentures…
Formons des rêves fins sur des miniatures.

Vers de mauves lointains d'une douceur fanée
Mon âme s'est perdue ; et l'Heure enrubannée
Sonne cent ans à la pendule surannée…

NUIT BLANCHE

Cette nuit, tu prendras soin que dans chaque vase
Frissonne, humide encore, une gerbe de fleurs.
Nul flambeau dans la chambre — où tes chères pâleurs
Se noieront comme un rêve en des vapeurs de gaze.

Pour respirer tous nos bonheurs avec emphase,
Sur le piano triste, où trembleront des pleurs,
Tes mains feront chanter d'angéliques douleurs
Et je t'écouterai, silencieux d'extase.

Tels nous nous aimerons, sévères et muets.
Seul, un baiser parfois sur tes ongles fluets
Sera la goutte d'eau qui déborde des urnes.

O Sœur! et dans le ciel de notre pureté,
Le virginal Désir des amours taciturnes
Montera lentement comme un astre argenté.

Ton Souvenir est comme un livre bien-aimé,
Qu'on lit sans cesse, et qui jamais n'est refermé,
Un livre où l'on vit mieux sa vie, et qui vous hante
D'un rêve nostalgique, où l'âme se tourmente.

Je voudrais, convoitant l'impossible en mes vœux,
Enfermer dans un vers l'odeur de tes cheveux ;
Ciseler avec l'art patient des orfèvres
Une phrase infléchie au contour de tes lèvres ;

Emprisonner ce trouble et ces ondes d'émoi
Qu'en tombant de ton âme, un mot propage en moi ;
Dire quelle mer chante en vagues d'élégie
Au golfe de tes seins où je me réfugie ;
Dire, oh surtout ! tes yeux doux et tièdes parfois
Comme une après-midi d'automne dans les bois ;
De l'heure la plus chère enchâsser la relique,
Et, sur le piano, tel soir mélancolique,
Ressusciter l'écho presque religieux
D'un ancien baiser attardé sur tes yeux.

MUSIQUE CONFIDENTIELLE

Au cartel d'or,
Qui s'endort,
La lyre du pendule à peine se balance.

Sans avirons,
Nous errons,
Au vague, sur le lac enchanté du Silence.

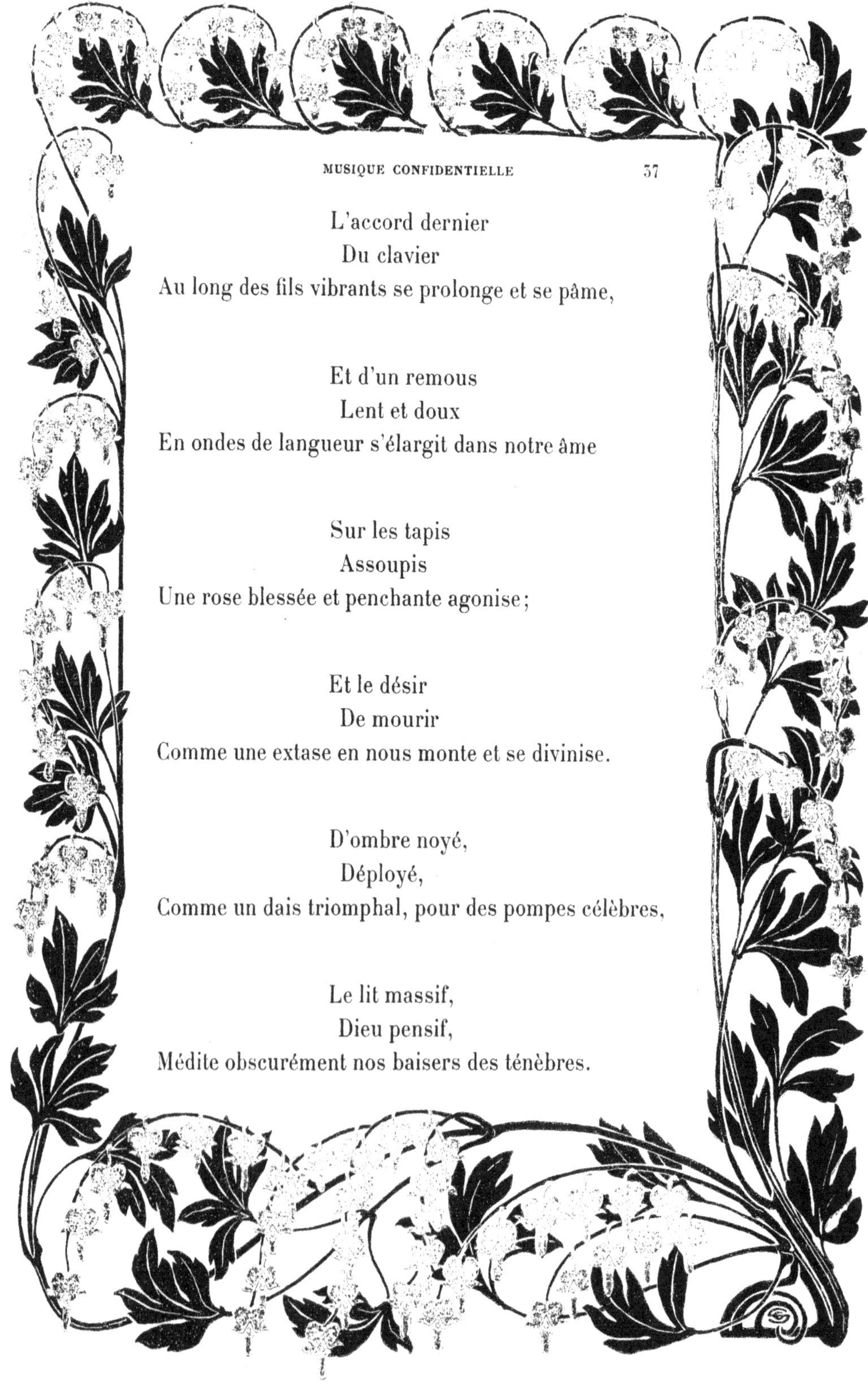

L'accord dernier
Du clavier
Au long des fils vibrants se prolonge et se pâme,

Et d'un remous
Lent et doux
En ondes de langueur s'élargit dans notre âme

Sur les tapis
Assoupis
Une rose blessée et penchante agonise;

Et le désir
De mourir
Comme une extase en nous monte et se divinise.

D'ombre noyé,
Déployé,
Comme un dais triomphal, pour des pompes célèbres,

Le lit massif,
Dieu pensif,
Médite obscurément nos baisers des ténèbres.

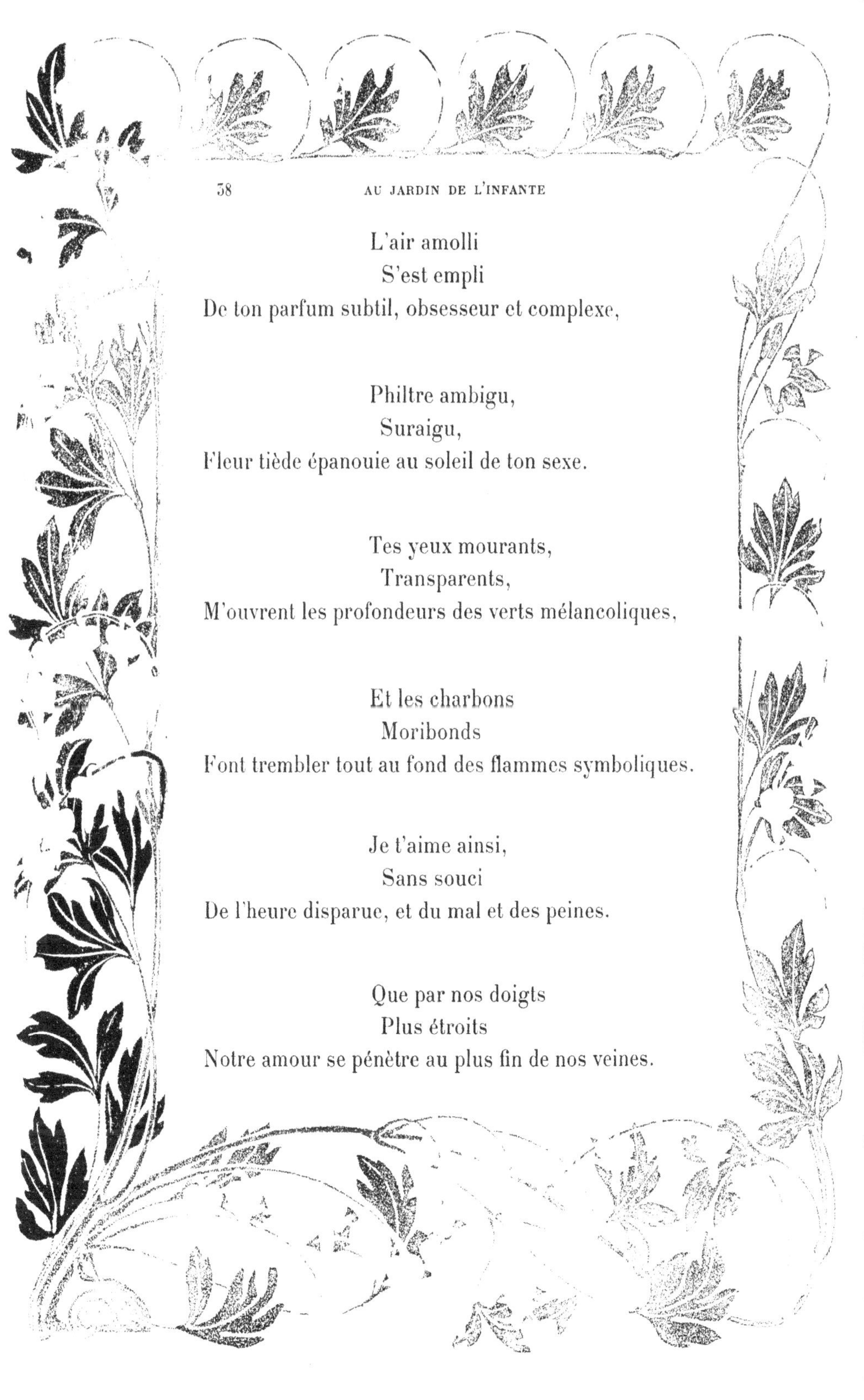

L'air amolli
S'est empli
De ton parfum subtil, obsesseur et complexe,

Philtre ambigu,
Suraigu,
Fleur tiède épanouie au soleil de ton sexe.

Tes yeux mourants,
Transparents,
M'ouvrent les profondeurs des verts mélancoliques,

Et les charbons
Moribonds
Font trembler tout au fond des flammes symboliques.

Je t'aime ainsi,
Sans souci
De l'heure disparue, et du mal et des peines.

Que par nos doigts
Plus étroits
Notre amour se pénètre au plus fin de nos veines.

Restons perdus,
Suspendus
Au-dessus de la terre ironique et brutale,

Sans rien savoir,
Sans rien voir,
Révélés à la Vie Unique et Musicale...

Ne parle pas,
Ou si bas
Que ce soit un secret vaporeux qu'on devine,

Et qui se meurt
Dans le cœur,
Comme une haleine d'ange en un duvet d'hermine.

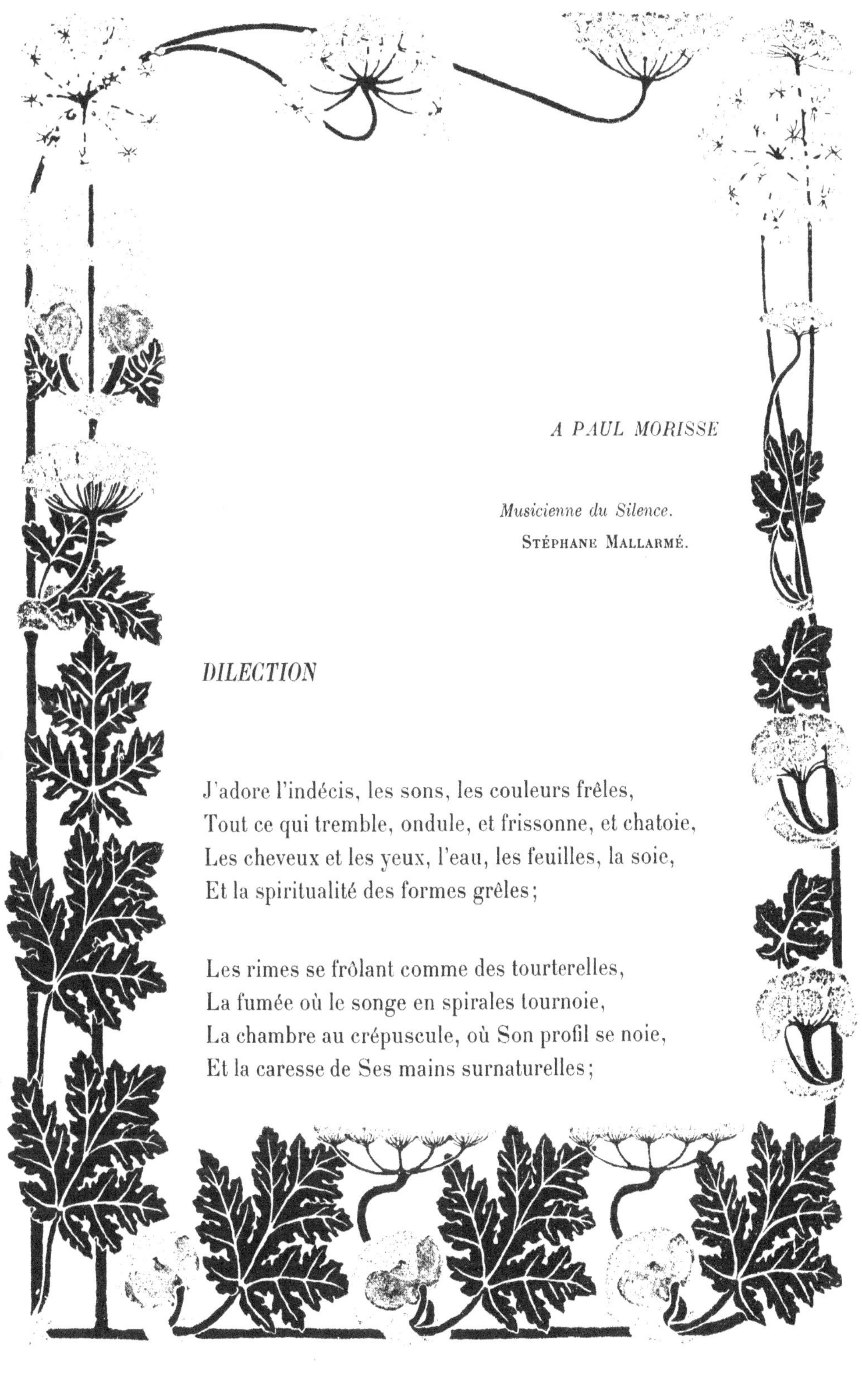

A PAUL MORISSE

Musicienne du Silence.
Stéphane Mallarmé.

DILECTION

J'adore l'indécis, les sons, les couleurs frêles,
Tout ce qui tremble, ondule, et frissonne, et chatoie,
Les cheveux et les yeux, l'eau, les feuilles, la soie,
Et la spiritualité des formes grêles ;

Les rimes se frôlant comme des tourterelles,
La fumée où le songe en spirales tournoie,
La chambre au crépuscule, où Son profil se noie,
Et la caresse de Ses mains surnaturelles ;

L’heure de ciel au long des lèvres câlinée,
L’âme comme d’un poids de délice inclinée,
L’âme qui meurt ainsi qu’une rose fanée,

Et tel cœur d’ombre chaste, embaumé de mystère,
Où veille, comme le rubis d’un lampadaire,
Nuit et jour, un amour mystique et solitaire.

MUSIQUE

Puisqu'il n'est point de mots qui puissent contenir,
Ce soir, mon âme triste en vouloir de se taire,
Qu'un archet pur s'élève et chante, solitaire,
Pour mon rêve jaloux de ne se définir.

O coupe de cristal pleine de souvenir,
Musique, c'est ton eau seule qui désaltère;
Et l'âme va d'instinct se fondre en ton mystère,
Comme la lèvre vient à la lèvre s'unir.

Sanglot d'or!... Oh! voici le divin sortilège!
Un vent d'aile a couru sur la chair qui s'allège;
Des mains d'anges sur nous promènent leur douceur.

Harmonie, et c'est toi, la Vierge secourable,
Qui, comme un pauvre enfant, berce contre ton cœur
Notre cœur infini, notre cœur misérable.

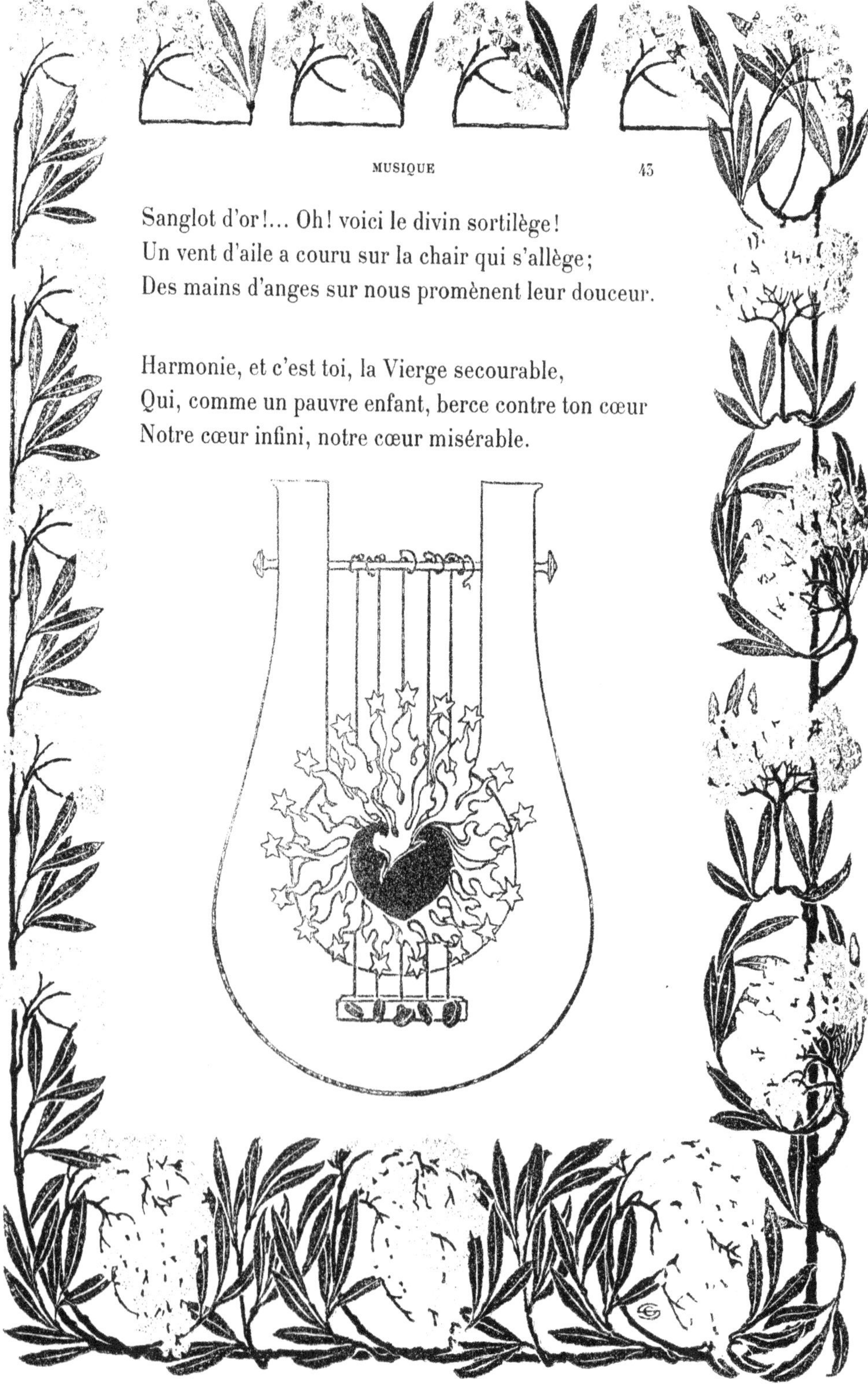

ERMIONE

Le ciel suave était jonché de pâles roses…
Tes yeux tendres au fond de ton large chapeau
Rêvaient : tu flottais toute aux plis d'un grand manteau,
Et ton cœur, qu'inclinaient d'inexprimables choses,

Le ciel suave était jonché de pâles roses…
Se penchait sur mon cœur comme un iris sur l'eau.

Le ciel suave était jonché de violettes…
Avec je ne sais quoi dans l'âme de transi,
Tu souriais, pâlotte, un sourire aminci ;
Et ton visage frêle avait, sous la voilette,

Le ciel suave était jonché de violettes…
Les tons pastellisés d'un Lawrence adouci.

Ce n'était rien ; c'était, dans le soir d'améthyste,
Des mots, des frôlis d'âme en longs regards croisés,
De la douceur fondue en gouttes de baisers,
Une étreinte de sœurs, une joie un peu triste,

Ce n'était rien ; c'était, dans le soir d'améthyste,
Un musical amour sur les sens apaisés.

Tu marchais chaste dans la robe de ton âme,
Que le désir suivait comme un fauve dompté.
Je respirais parmi le soir, ô pureté,
Mon rêve enveloppé dans tes voiles de femme.

Tu marchais chaste dans la robe de ton âme,
Et je sentais mon cœur se dissoudre en bonté.

Et quand je te quittai, j'emportai de cette heure,
Du ciel et de tes yeux, de ta voix et du temps,
Un mystère à traduire en mots inconsistants,
Le charme d'un sourire indéfini qui pleure,

Et, dans l'âme, un écho d'automne qui demeure,
Comme un sanglot de cor perdu sur les étangs...

KEEPSAKE

Sa robe était de tulle avec des roses pâles,
Et rose pâle était sa lèvre, et ses yeux froids,
Froids et bleus comme l'eau qui rêve au fond des bois.
La mer Tyrrhénienne aux langueurs amicales

Berçait sa vie éparse en suaves pétales.
Très douce elle mourait, ses petits pieds en croix;
Et, quand elle chantait, le cristal de sa voix
Faisait saigner au cœur ses blessures natales.

Toujours à son poing maigre un bracelet de fer,
Où son nom de blancheur était gravé « Stéphane »,
Semblait l'anneau rivé de l'exil très amer.

Dans un parfum d'héliotrope diaphane
Elle mourait, fixant les voiles sur la mer,
Elle mourait parmi l'automne… vers l'hiver…

Et c'était comme une musique qui se fane…

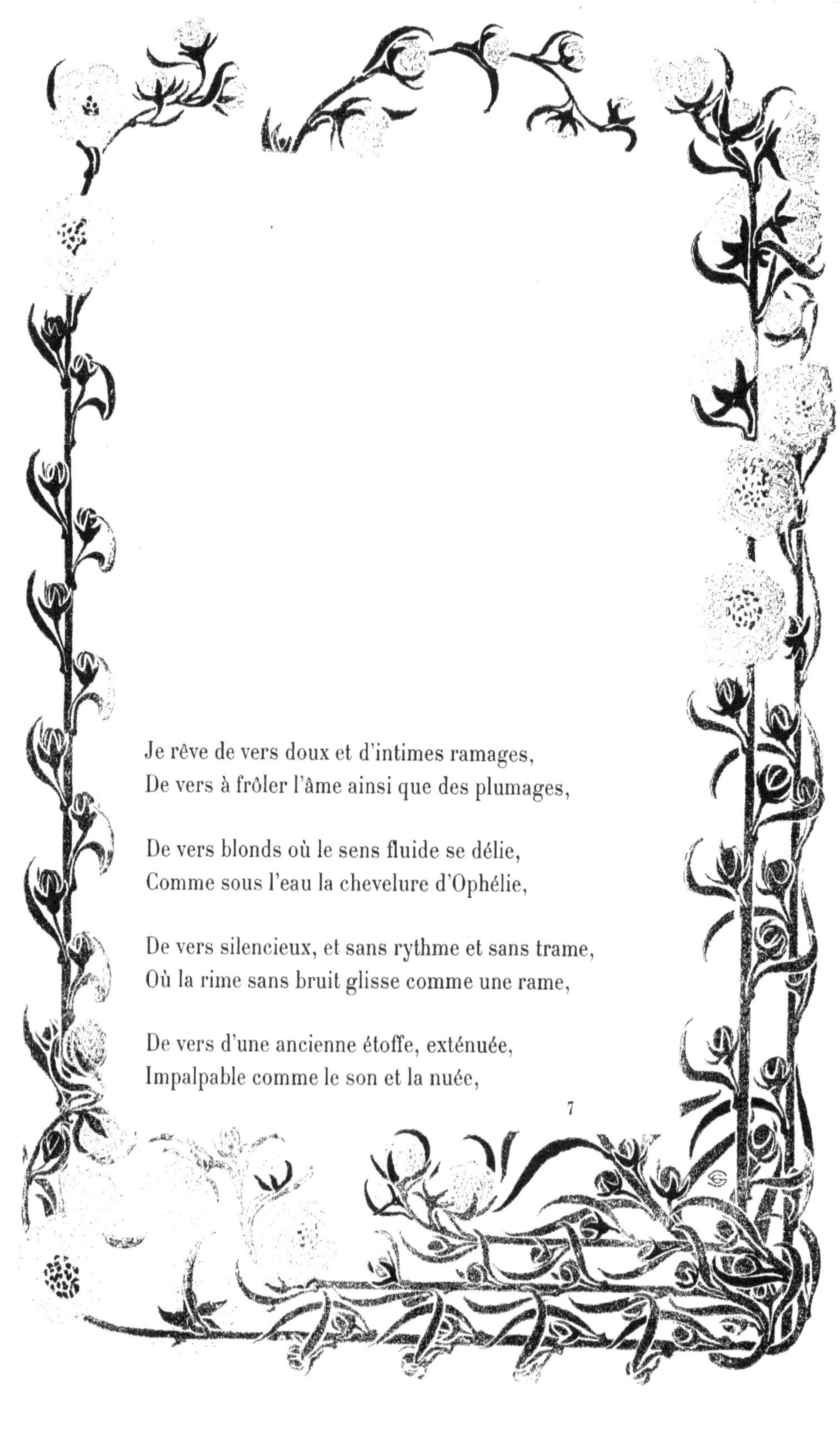

Je rêve de vers doux et d'intimes ramages,
De vers à frôler l'âme ainsi que des plumages,

De vers blonds où le sens fluide se délie,
Comme sous l'eau la chevelure d'Ophélie,

De vers silencieux, et sans rythme et sans trame,
Où la rime sans bruit glisse comme une rame,

De vers d'une ancienne étoffe, exténuée,
Impalpable comme le son et la nuée,

De vers de soirs d'automne ensorcelant les heures
Au rite féminin des syllabes mineures,

De vers de soirs d'amour énervés de verveine,
Où l'âme sente, exquise, une caresse à peine,

Et qui au long des nerfs baignés d'ondes câlines
Meurent à l'infini en pâmoisons félines,
Comme un parfum dissous parmi des tiédeurs closes,

Violes d'or, et *pianissim' amorose…*

Je rêve de vers doux mourant comme des roses.

CONFINS

Dans l'ombre tiède, où toute emphase s'atténue,
Sur les coussins, parmi la flore des lampas,
L'effeuillement des heures d'or qu'on n'entend pas...
Vibrer ainsi qu'un son d'archet qui diminue.

S'affiner l'âme en une extase si ténue;
Jouir son cœur sur une pointe de compas;
Tenter parmi des flacons d'or d'exquis trépas;
Ne plus savoir ce que sa vie est devenue...

Se retrouver, et puis se perdre en des pays,
Et des heures, en des *pianos* inouïs,
Faire flotter comme du silence en arpèges;

Dans les parfums et la fumée aux lents manèges,
Jusqu'à son cœur et par ses yeux évanouis
Sentir tomber des baisers doux comme des neiges...

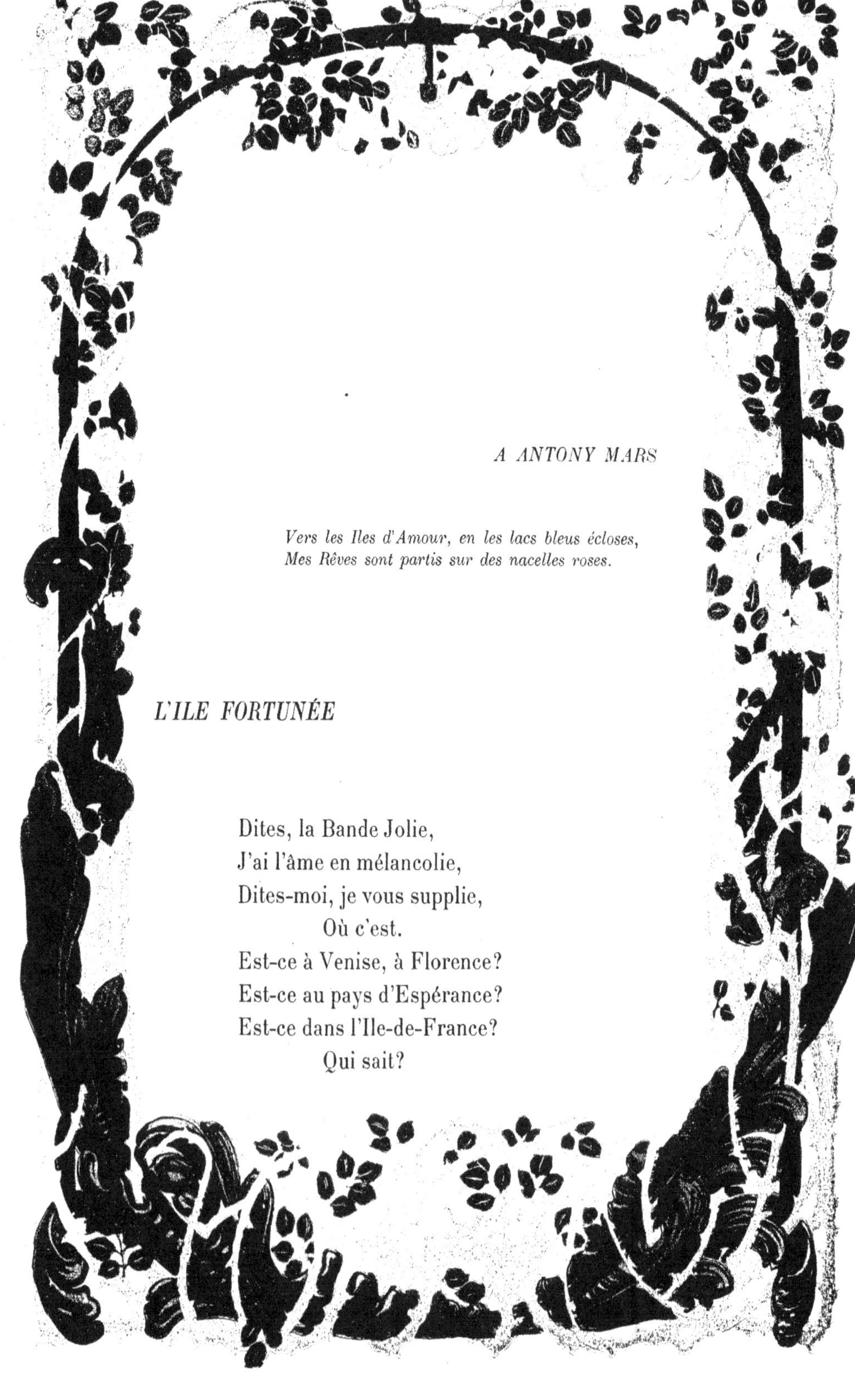

A ANTONY MARS

Vers les Iles d'Amour, en les lacs bleus écloses,
Mes Rêves sont partis sur des nacelles roses.

L'ILE FORTUNÉE

Dites, la Bande Jolie,
J'ai l'âme en mélancolie,
Dites-moi, je vous supplie,
    Où c'est.
Est-ce à Venise, à Florence?
Est-ce au pays d'Espérance?
Est-ce dans l'Ile-de-France?
    Qui sait?

Viens, tu verras des bergères,
Des marquises bocagères,
Des moutons blancs d'étagères,
        Et puis
Des oiseaux et des oiselles,
Des Lindors et des Angèles,
Et des roses aux margelles
        Des puits.

Viens, tu verras des Lucindes,
Des Agnès, des Rosalindes,
Avec des perles des Indes,
        Gardant
Sur l'index une perruche,
Le col serré dans la ruche,
Le grand éventail d'autruche
        Pendant.

Les Iris, et les Estelles
En chaperons de dentelles
Rêvent près des cascatelles
        En pleurs,
Et fermant leurs grandes ailes,
Les papillons épris d'elles
En deviennent infidèles
        Aux fleurs.

Unis d'une double étreinte,
Les Amants rôdent, sans crainte,
Aux détours du labyrinthe
　　　Secret.
Sur le jardin diaphane
Un demi-silence plane,
Où toute rumeur profane
　　　Mourrait.

C'est la Divine Journée,
Par le songe promenée
Sur l'herbe comme fanée
　　　Un peu.
Avec des amours sans fraude,
Des yeux d'ambre et d'émeraude
Et de lents propos que brode
　　　L'aveu.

Le soir tombe... L'heure douce
Qui s'éloigne sans secousse
Pose à peine sur la mousse
　　　Ses pieds ;
Un jour indécis persiste,
Et le Crépuscule triste
Ouvre ses yeux d'améthyste
　　　Mouillés.

Des cygnes voguent par troupes...
On goûte sur l'herbe en groupes ;
Le dessert choque les coupes
    D'or fin.
Les assiettes sont de Sèvres ;
Et les madrigaux, si mièvres,
Caramélisent les lèvres
    Sans fin.

L'après-midi qui renie
L'ivresse du jour bannie
Expire en une infinie
    Langueur...
Le toit des chaumières fume,
Et dans le ciel qui s'embrume
L'argent des astres s'allume,
    Songeur.

Les amants disent leurs flammes,
Les yeux fidèles des femmes
Sont si purs qu'on voit leurs âmes
    Au fond ;
Et, deux à deux, angéliques,
Les Baisers mélancoliques
Au bleu pays des reliques
    S'en vont.

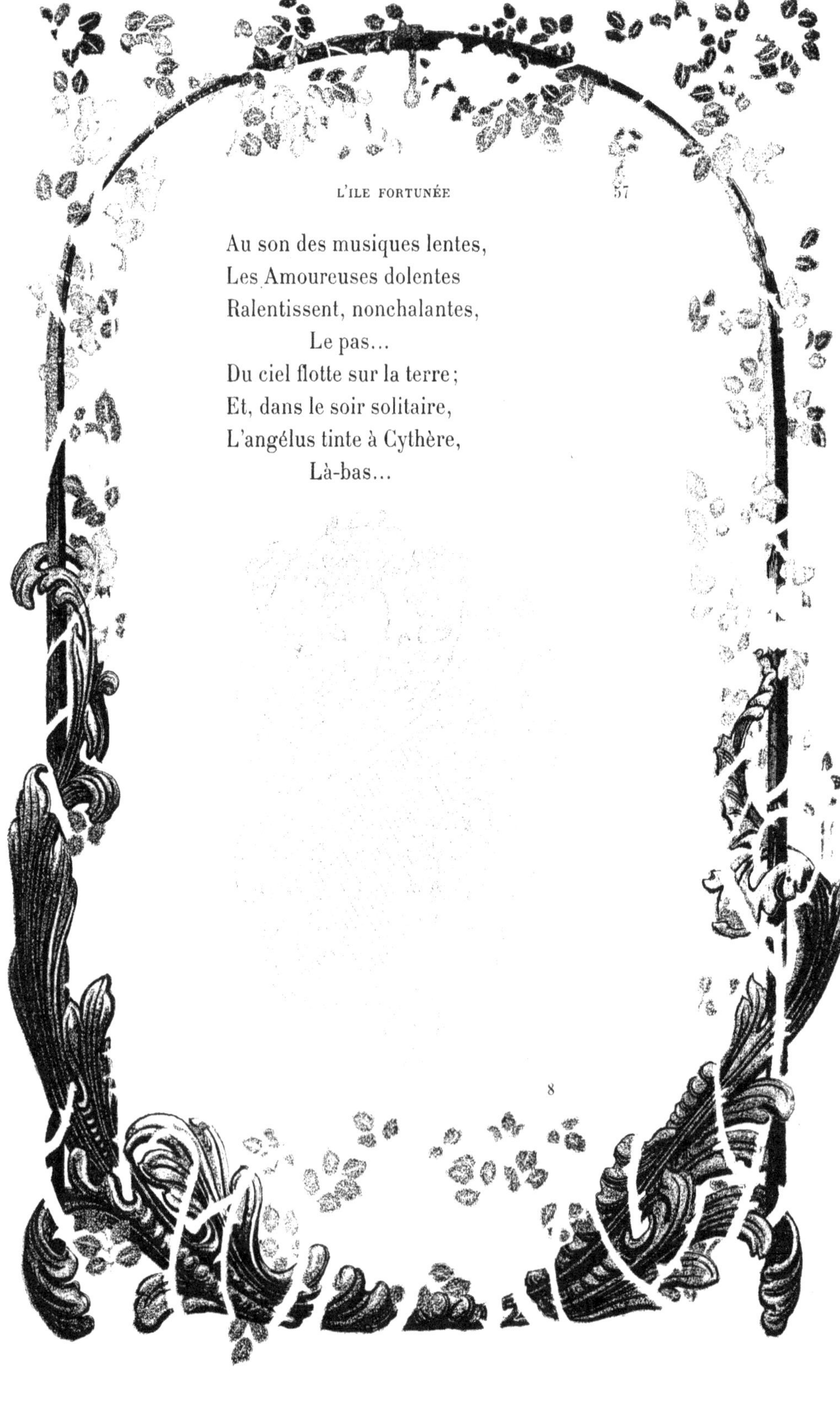

Au son des musiques lentes,
Les Amoureuses dolentes
Ralentissent, nonchalantes,
Le pas...
Du ciel flotte sur la terre;
Et, dans le soir solitaire,
L'angélus tinte à Cythère,
Là-bas...

NOCTURNE

Nuit d'été — Sous le ciel de lapis-lazuli,
Le parc enchanté baigne en des ténèbres molles.
Les fleurs rêvent, l'amour se parfume aux corolles.
Tiède, la lune monte au firmament pâli.

Ce soir, fête à Bergame au palais Lanzoli !
Les couples enlacés descendent des gondoles.
Le bal s'ouvre, étoilé de roses girandoles.
Flûte et cordes, l'orchestre est conduit par Lulli.

Les madrigaux parmi les robes essaimées
Offrent, la lèvre en cœur, leurs fadeurs sublimées ;
Et, sur le glacis d'or des parquets transparents,

Les caillettes Régence, exquisement vieillotes,
Détaillent la langueur savante des gavottes
Au rythme parfumé des éventails mourants.

ARPÈGE

L'âme d'une flûte soupire
Au fond du parc mélodieux ;
Limpide est l'ombre où l'on respire
Ton poème silencieux,

Nuit de langueur, nuit de mensonge,
Qui poses d'un geste ondoyant
Dans ta chevelure de songe
La lune, bijou d'Orient.

Sylva, Sylvie et Sylvanire,
Belles au regard bleu changeant,
L'étoile aux fontaines se mire,
Allez par les sentiers d'argent,

Allez vite — l'heure est si brève !
Cueillir au jardin des aveux
Les cœurs qui se meurent du rêve
De mourir parmi vos cheveux…

L'INDIFFÉRENT

Dans le parc vaporeux où l'heure s'enamoure,
Les robes de satin et les sveltes manteaux
Se mêlent, reflétés au ciel calme des eaux,
Et c'est la fin d'un soir infini qu'on savoure.

Les éventails sont clos; dans l'air silencieux
Un andante suave agonise en sourdine,
Et, comme l'eau qui tombe en la vasque voisine,
L'amour tombe dans l'âme et déborde des yeux.

Les grands cils allongés palpitent leurs tendresses ;
Fluides sous les mains s'arpègent les caresses ;
Et là-bas, s'effilant, solitaire et moqueur,

L'Indifférent, oh ! las d'Agnès ou de Lucile,
Sur la scène, d'un geste adorable et gracile,
Du bout de ses doigts fins sème un peu de son cœur.

INVITATION

Mon cœur est un beau lac solitaire qui tremble,
Hanté d'oiseaux furtifs et de rameaux frôleurs,
Où le vol argenté des sylphes bleus s'assemble
En un soir diaphane où défaillent des fleurs.

La lune y fait rêver ses pâleurs infinies ;
L'aurore en son cristal baigne ses pieds rosés ;
Et sur ses bords, en d'éternelles harmonies,
Soupire l'orgue des grands joncs inapaisés.

Un temple est au milieu, tout en colonnes blanches,
Éclos dans les tiédeurs secrètes du jasmin ;
Des ramiers bleu-de-ciel s'aiment parmi les branches…
Laquelle se mettra la première en chemin ?

Le lac est vert, le lac est bleu ;
Voici tinter le couvre-feu.
Sonnez l'heure aux ondins, petites campanules.

Dame aux yeux verts, Dame aux yeux bleus,
Dame d'automne au cœur frileux,

De votre éventail onduleux
Venez-vous en bercer le vol des libellules
Du crépuscule…

Les gondoles sont là, fragiles et cambrées
Sur l'eau dormeuse et sourde aux enlacis mourants,
Les gondoles qui font, de roses encombrées,
Pleurer leurs rames d'or sur les flots odorants.

Les nefs d'amour, avec leurs velours de simarres,
Captives en tourment, se meurent sur les eaux…
Oh ! quels doigts fins viendront dénouer les amarres,
Un soir, parmi la chevelure des roseaux ?

Laquelle s'en viendra, quand sonneront les heures,
Voguer, pâle de lune et perdue en un ciel?
Laquelle au doux sanglot des musiques mineures
Taira dans un baiser le mot essentiel?

Laquelle — Cydalise ou Linda — que t'en semble,
Te laissera l'aimer, le front sur ses genoux?
Qu'importe… l'âme est triste et leurs baisers sont doux…
Mon cœur est un beau lac solitaire qui tremble.

O les Belles, embarquez-vous!

HIVER

Le ciel pleure ses larmes blanches
Sur les jours roses trépassés;
Et les amours nus et gercés
Avec leurs ailerons cassés
Se sauvent, frileux, sous les branches.

Ils sont finis les soirs tombants,
Rêvés au bord des cascatelles.
Les Angéliques, où sont-elles!
Et leurs âmes de bagatelles,
Et leurs cœurs noués de rubans?...

Le vent dépouille les bocages,
Les bocages où les amants
Sans trêve enroulaient leurs serments
Aux langoureux roucoulements
Des tourterelles dans les cages.

Les tourterelles ne sont plus,
Ni les flûtes, ni les violes
Qui soupiraient sous les corolles
Des sons plus doux que des paroles,
Le long des soirs irrésolus.

Cette chanson — là-bas — écoute,
Cette chanson au fond du bois...
C'est l'adieu du dernier hautbois,
C'est comme si tout l'autrefois
Tombait dans l'âme goutte à goutte.

Satins changeants, cheveux poudrés,
Mousselines et mandolines,
O Mirandas! O Roselines!
Sous les étoiles cristallines,
O Songe des soirs bleu-cendrés!

Comme le vent brutal heurte en passant les portes!
Toutes, — va! toutes les bergères sont bien mortes.

Morte la galante folie,
Morte la Belle-au-bois-jolie,
Mortes les fleurs aux chers parfums !

Et toi, sœur rêveuse et pâlie,
Monte, monte, ô Mélancolie,
Lune des ciels roses défunts.

Évocations

LE VASE

C'était un vase étrange : on y voyait courir,
Pantelante sous la torche des Erynnies,
Une foule mouvante en spires infinies…
Et l'argile vivante avait l'air de souffrir.

Quelque ouvrier terrible avait dû la pétrir
Avec de la chair âpre et des pleurs d'agonies :
Des hydres s'y tordaient, et les Voix réunies
Clamaient la double horreur de naître et de mourir.

10

Ivres, les Passions fracassaient des cymbales ;
L'Avarice et la Haine, ourdissant leurs cabales,
Insultaient la Justice avec des bras sanglants ;

Et, seul, un lis, élu pour les miséricordes,
Priait dans la lumière, et sur l'enfer des hordes
Versait son âme triste et noble en parfums blancs.

UNE

Sphynx aux yeux d'émeraude, angélique vampire,
Elle rêve sous l'or cruel de ses frisons.
La rougeur de sa bouche est pareille aux tisons ;
Ses yeux sont faux, son cœur est faux, son amour pire.

Sous son front dur médite un songe obscur d'empire.
Elle est la fleur superbe et froide des poisons,
Et le péché mortel aux âcres floraisons
De sa chair vénéneuse en parfums noirs transpire.

Sur son trône, qu'un art sombre sut tourmenter,
Immobile, elle écoute au loin se lamenter
La mer des pauvres cœurs qui saignent ses blessures ;

Et bercée aux sanglots, elle songe ; et parfois
Brûle d'un regard lourd, où couvent des luxures,
L'âme vierge du lis qui se meurt dans ses doigts.

GALSWINTE

Galswinte au crépuscule est assise et grelotte.
Toujours ce ciel de fer et ces grands leudes roux !
Oh ! son beau pays d'or où tous les mois sont doux…
Et, le front dans ses mains, secrète, elle sanglote.

A peine on l'entrevoit glisser, frêle et pâlotte,
Dans le palais brutal où vit son rude époux.
Seule, des jours entiers, elle prie à genoux
Dans sa chambre où, sans fin, l'odeur des cierges flotte.

Les Barbares pour elle ont presque du mépris ;
Et lente, et si lointaine au fond de ses yeux gris,
Elle va, de pleurs froids en silence baignée.

O toi, qui pour l'exil ainsi fus désignée,
Que de fois j'ai baisé ta face avec ferveur,
Blanche morte étendue au plus doux de mon cœur,

Vase mélancolique, ô Galswinte, ma sœur !

L'HERMAPHRODITE

Vers l'archipel limpide, où se mirent les Iles,
L'Hermaphrodite nu, le front ceint de jasmin,
Épuise ses yeux verts en un rêve sans fin ;
Et sa souplesse torse empruntée aux reptiles,

Sa cambrure élastique, et ses seins érectiles
Suscitent le désir de l'impossible hymen.
Et c'est le monstre éclos, exquis et surhumain,
Au ciel supérieur des formes plus subtiles.

La perversité rôde en ses courts cheveux blonds.
Un sourire éternel, frère des soirs profonds,
S'estompe en velours d'ombre à sa bouche ambiguë;

Et sur ses pâles chairs se traîne avec amour
L'ardent soleil païen, qui l'a fait naître un jour
De ton écume d'or, ô Beauté suraiguë.

LA COUPE

Au temps des Immortels, fils de la vie en fête,
Où la Lyre élevait les assises des tours,
Un artisan sacré modela mes contours
Sur le sein d'une vierge, entre ses sœurs parfaite.

Des siècles je régnai, splendide et satisfaite,
Et les yeux m'adoraient... Quand, vers la fin des jours,
De mes félicités le sort rompit le cours,
Et je fus emportée au vent de la défaite.

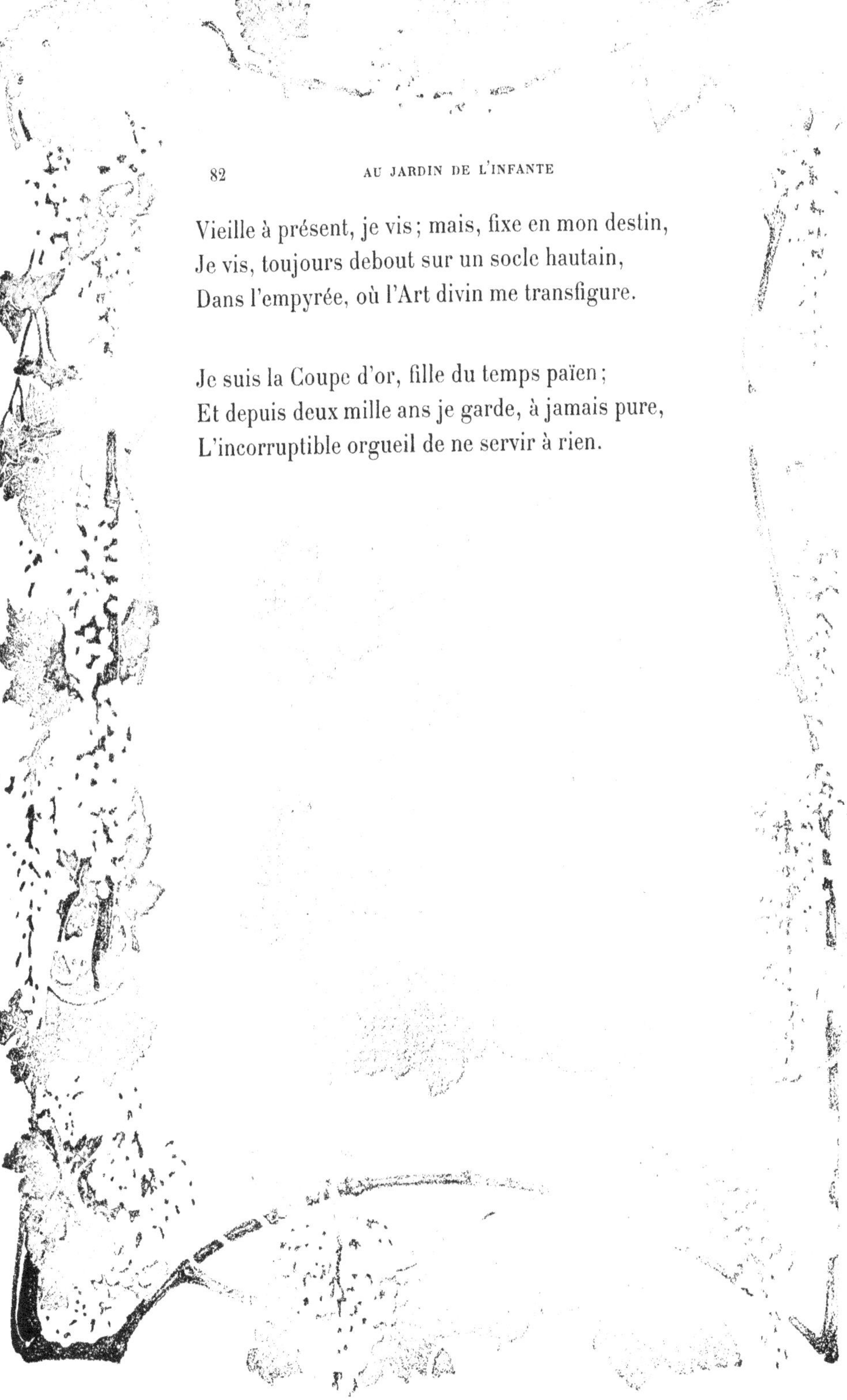

Vieille à présent, je vis ; mais, fixe en mon destin,
Je vis, toujours debout sur un socle hautain,
Dans l'empyrée, où l'Art divin me transfigure.

Je suis la Coupe d'or, fille du temps païen ;
Et depuis deux mille ans je garde, à jamais pure,
L'incorruptible orgueil de ne servir à rien.

LA TOISON D'OR

Noire dans la nuit bleue, Argô vogue, rapide.
Les Chefs, au crépuscule évoquant la maison,
Tristes se sont couchés, et dorment. Seul, Jason,
Debout, veille et poursuit son grand rêve intrépide.

La Lyre aux clous de feu brille ; l'ombre est limpide ;
Le silence infini vibre !... Et le fils d'Eson
Emplit de son orgueil immense l'horizon,
Et respire de loin les roses de Colchide.

Or, pendant qu'à la proue il s'enivre, pensif,
Là-bas, Médée en feu, dans le jardin lascif,
Sent sa chair se dissoudre aux tièdes vents d'Asie...

Et déjà, sous l'œil vert du Dragon frémissant,
Le Destin, préparant l'antique frénésie,
Mêle à la Toison d'or l'odeur sombre du sang.

CARLOS SCHWABE 1903

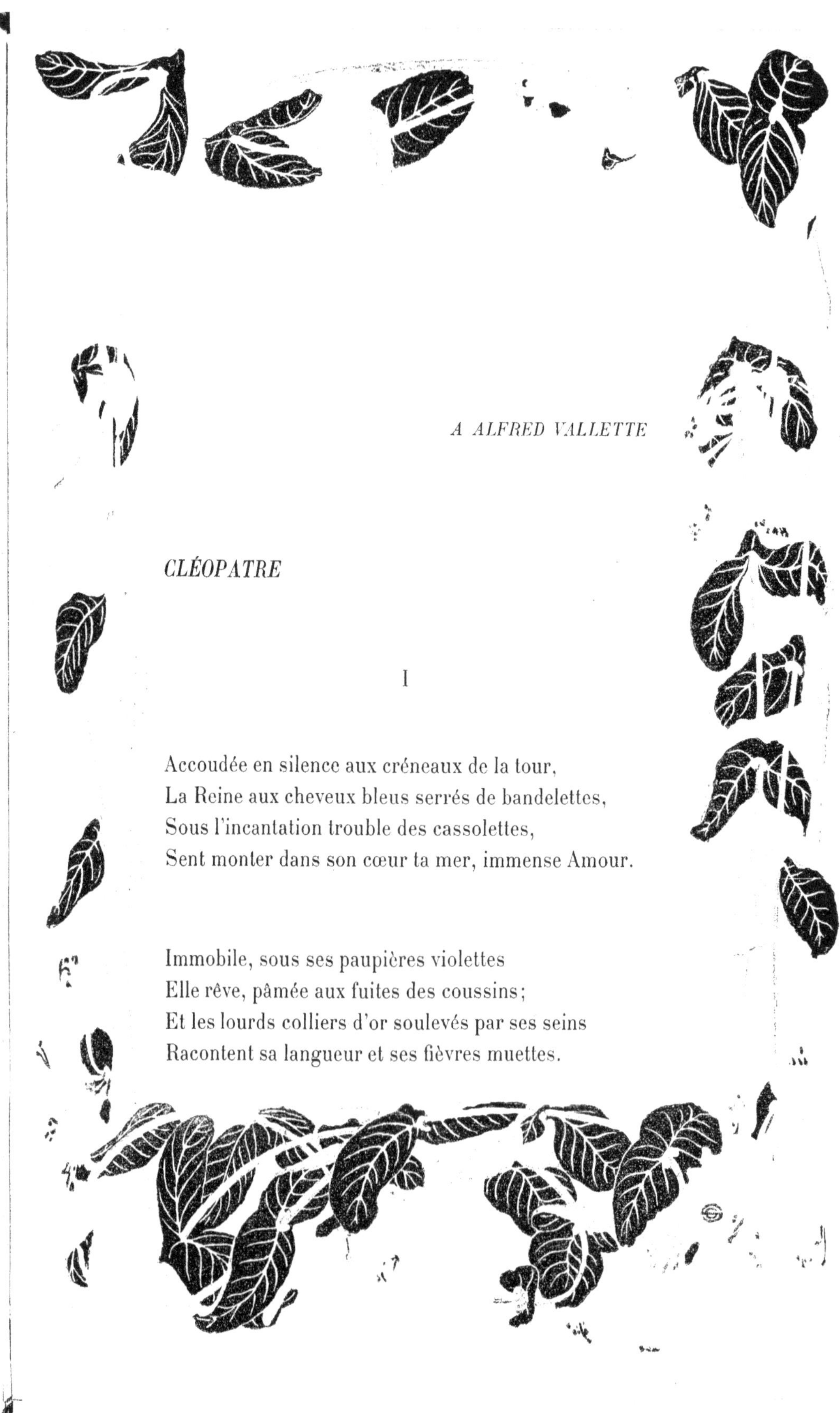

CLÉOPATRE

I

Accoudée en silence aux créneaux de la tour,
La Reine aux cheveux bleus serrés de bandelettes,
Sous l'incantation trouble des cassolettes,
Sent monter dans son cœur ta mer, immense Amour.

Immobile, sous ses paupières violettes
Elle rêve, pâmée aux fuites des coussins ;
Et les lourds colliers d'or soulevés par ses seins
Racontent sa langueur et ses fièvres muettes.

Un adieu rose flotte au front des monuments.
Le soir, velouté d'ombre, est plein d'enchantements;
Et cependant qu'au loin pleurent les crocodiles,

La Reine aux doigts crispés, sanglotante d'aveux,
Frissonne de sentir, lascives et subtiles,
Des mains qui dans le vent épuisent ses cheveux.

II

Lourde pèse la nuit au bord du Nil obscur...
Cléopâtre, à genoux sous les astres qui brûlent,
Soudain pâle, écartant ses femmes qui reculent,
Déchire sa tunique en un grand geste impur,

Et dresse éperdument sur la haute terrasse
Son corps vierge, gonflé d'amour comme un fruit mûr.
Toute nue, elle vibre! et, debout sous l'azur,
Se tord, couleuvre ardente, au vent tiède et vorace.

Elle veut, et ses yeux fauves dardent l'éclair,
Que le monde ait, ce soir, le parfum de sa chair…
O sombre fleur du sexe éparse en l'air nocturne !

Et le Sphynx, immobile aux sables de l'ennui,
Sent un feu pénétrer son granit taciturne ;
Et le désert immense a remué sous lui.

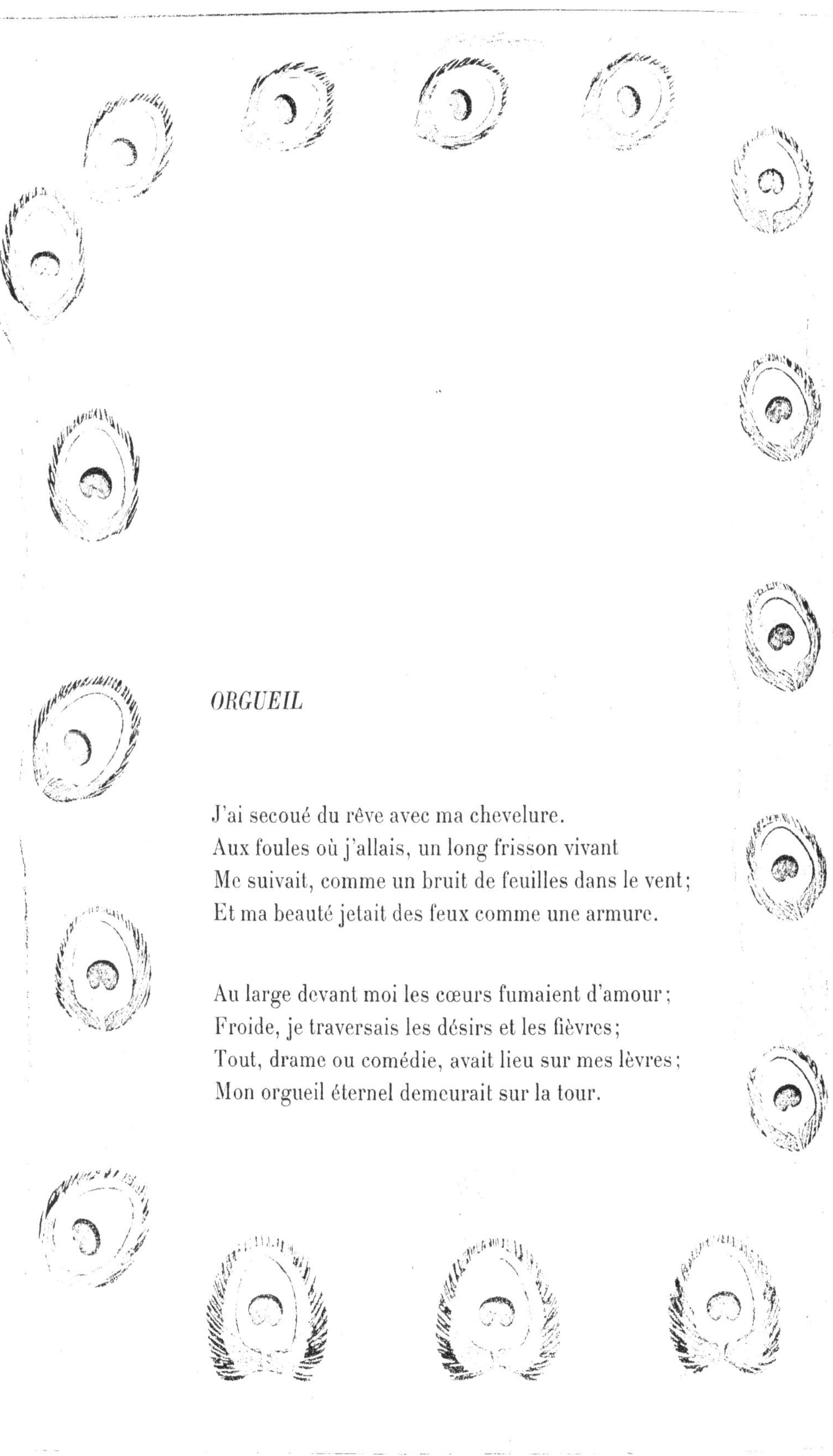

ORGUEIL

J'ai secoué du rêve avec ma chevelure.
Aux foules où j'allais, un long frisson vivant
Me suivait, comme un bruit de feuilles dans le vent ;
Et ma beauté jetait des feux comme une armure.

Au large devant moi les cœurs fumaient d'amour ;
Froide, je traversais les désirs et les fièvres ;
Tout, drame ou comédie, avait lieu sur mes lèvres ;
Mon orgueil éternel demeurait sur la tour.

Du remords imbécile et lâche je n'ai cure,
Et n'ai cure non plus des fadasses pitiés.
Les larmes et le sang, je m'y lave les pieds !
Et je passe, fatale ainsi que la nature.

Je suis sans défaillance, et n'ai point d'abandons.
Ma chair n'est point esclave au vieux marché des villes,
Et l'homme, qui fait peur aux amantes serviles,
Sent que son maître est là quand nous nous regardons.

J'ai des jardins profonds dans mes yeux d'émeraude,
Des labyrinthes fous, d'où l'on ne revient point.
De qui me croit tout près je suis toujours si loin,
Et qui m'a possédée a possédé la Fraude.

Mes sens, ce sont des chiens qu'au doigt je fais coucher,
Je les dresse à forcer la proie en ses asiles ;
Puis, l'ayant étranglée, ils attendent, dociles,
Que mes yeux souverains leur disent d'y toucher.

Je voudrais tous les cœurs avec toutes les âmes !
Je voudrais, chasseresse aux féroces ardeurs,
Entasser à mes pieds des cœurs, encor des cœurs…
Et je distribuerais mon butin rouge aux femmes !

Je traîne, magnifique, un lourd manteau d'ennui,
Où s'étouffe le bruit des sanglots et des râles.
Les flammes qu'en passant j'allume aux yeux des mâles
Sont des torches de fête en mon cœur plein de nuit.

La haine me plaît mieux, étant moins puérile.
Mère, épouse, non pas : ni femelle vraiment !
Je veux que mon corps, vierge ainsi qu'un diamant,
A jamais comme lui soit splendide et stérile.

Mon Orgueil est ma vie et mon royal trésor ;
Et jusque sur le marbre, où je m'étendrai froide,
Je veux garder, farouche, aux plis du linceul roide
Une bouche scellée, et qui dit « Non » encor.

SOIRS

I

Calmes aux quais déserts s'endorment les bateaux.
Les besognes du jour rude sont terminées,
Et le bleu Crépuscule aux mains efféminées
Éteint le fleuve ardent qui roulait des métaux.

Les ateliers fiévreux desserrent leurs étaux,
Et, les cheveux au vent, les fillettes minées
Vers les vitrines d'or courent, illuminées,
Meurtrir leur désir pauvre aux diamants brutaux.

Sur la ville noircie, où le peuple déferle,
Le ciel, en des douceurs de turquoise et de perle,
Le ciel semble, ce soir d'automne, défaillir.

L'Heure passe comme une femme sous un voile;
Et, dans l'ombre, mon cœur s'ouvre pour recueillir
Ce qui descend de rêve à la première étoile.

II

Le Séraphin des soirs passe le long des fleurs...
La Dame-aux-Songes chante à l'orgue de l'église ;
Et le ciel, où la fin du jour se subtilise,
Prolonge une agonie exquise de couleurs.

Le Séraphin des soirs passe le long des cœurs...
Les vierges au balcon boivent l'amour des brises ;
Et sur les fleurs et sur les vierges indécises
Il neige lentement d'adorables pâleurs.

Toute rose au jardin s'incline, lente et lasse,
Et l'âme de Schumann errante par l'espace
Semble dire une peine impossible à guérir...

Quelque part une enfant très douce doit mourir...
O mon âme, mets un signet au livre d'heures,
L'Ange va recueillir le rêve que tu pleures.

III

Le ciel, comme un lac d'or pâle, s'évanouit.
On dirait que la plaine, au loin déserte, pense ;
Et dans l'air élargi de vide et de silence
S'épanche la grande âme triste de la nuit.

Pendant que çà et là brillent d'humbles lumières,
Les grands bœufs accouplés rentrent par les chemins ;
Et les vieux en bonnet, le menton sur les mains,
Respirent le soir calme aux portes des chaumières.

Le paysage, où tinte une cloche, est plaintif
Et simple comme un doux tableau de primitif,
Où le Bon Pasteur mène un agneau blanc qui saute.

Les astres au ciel noir commencent à neiger,
Et là-bas, immobile au sommet de la côte,
Rêve la silhouette antique d'un berger.

VISIONS

I

J'ai rêvé d'une jungle ardente aux fleurs profondes,
Moite dans des touffeurs de musc et de toisons,
D'une jungle du Sud, ivre de floraisons,
Où fermentait l'or des pourritures fécondes.

J'étais tigre parmi les tigresses lubriques,
Dont l'échine ondulait de lentes pâmoisons.
J'étais tigre… et dans l'herbe, où suaient les poisons,
L'amour faisait vibrer nos croupes électriques.

Le feu des nuits sans lune exaspérait nos moelles.
Dans l'ombre, autour de nous, fourmillantes étoiles,
Des yeux phosphorescents s'allumaient à nous voir.

Un orage lointain prolongeait ses décharges,
Et des gouttes d'eau chaude, ainsi que des pleurs larges,
Voluptueusement tombaient du grand ciel noir.

II

J'ai rêvé d'un vieux monde à l'âme réprouvée,
Où j'apportais, prophète, un cœur ardent et doux.
Mes yeux forçaient le Doute à tomber à genoux,
Et je faisais du ciel avec ma main levée.

Vers ma robe accouraient les Pitiés orphelines ;
Lorsque je rencontrais, pauvresse des sentiers,
L'Espérance en haillons, je lui lavais les pieds...
Et des douceurs d'encens rôdaient sur les collines...

Puis j'étais mis à mort par l'ordre du Tyran ;
De ma poitrine alors jaillissait un torrent,
Où venait s'étancher l'antique soif des âmes ;

J'étais Celui qu'on prie aux lentes fins de jour ;
Et mon pâle visage en un nimbe d'amour
Flottait, lune mystique, au cœur triste des femmes.

III

J'ai rêvé d'un jardin primitif, où des Ames
Cueillaient le trèfle d'or en robes de candeur ;
Où des souffles d'azur, veloutés de tiédeur,
Berçaient des fleurs d'argent, sveltes comme des femmes.

A l'ombre, au bord des eaux, sous des arbres légers,
Les mystiques Amants rêvaient leur solitude;
Et tout était extase, et joie, et plénitude,
Et les agneaux de Dieu paissaient dans les vergers.

L'Amour sanctifié, sans hâtes et sans fièvres,
Buvait à l'urne exquise et profonde des lèvres...
O Songe d'un désir parfumé par le ciel!

Et j'étais là, debout parmi les marjolaines,
Virginal, et l'archet des blanches cantilènes
A mes doigts effilés d'ange immatériel.

Vas Tristitiæ

Une splendeur triste, la volupté du regret.

CHARLES BAUDELAIRE.

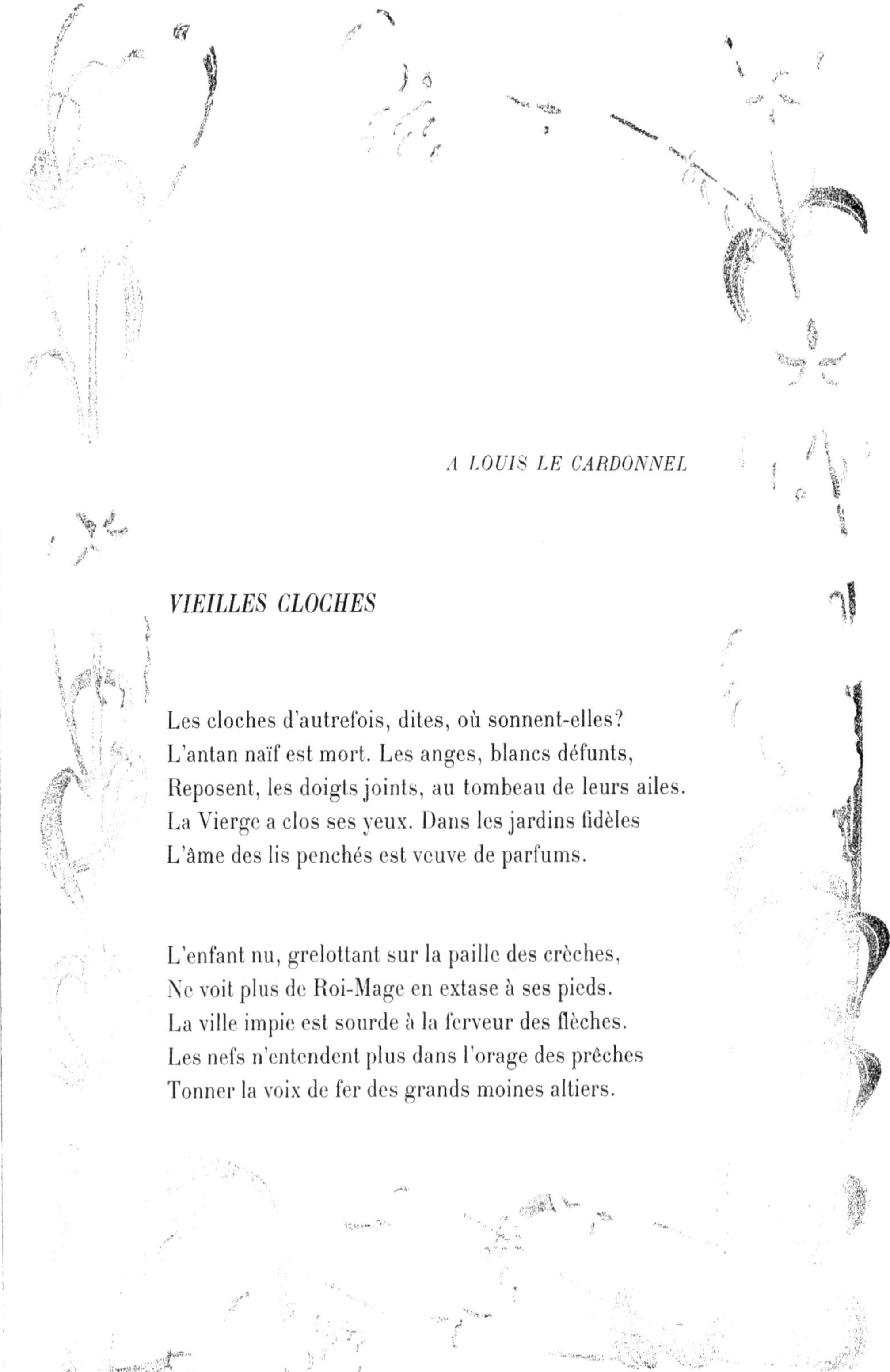

A LOUIS LE CARDONNEL

VIEILLES CLOCHES

Les cloches d'autrefois, dites, où sonnent-elles?
L'antan naïf est mort. Les anges, blancs défunts,
Reposent, les doigts joints, au tombeau de leurs ailes.
La Vierge a clos ses yeux. Dans les jardins fidèles
L'âme des lis penchés est veuve de parfums.

L'enfant nu, grelottant sur la paille des crèches,
Ne voit plus de Roi-Mage en extase à ses pieds.
La ville impie est sourde à la ferveur des flèches.
Les nefs n'entendent plus dans l'orage des prêches
Tonner la voix de fer des grands moines altiers.

Nul enfantin pinceau n'enlumine, candide,
Son rêve primitif aux marges des missels.
Le vent qui passe fait pleurer l'église vide ;
Et le prêtre doré dans l'étole rigide,
Le dimanche, officie au désert des autels.

L'antique renouveau des fêtes surannées
Ne fleurit plus aux vieux pavés du siècle dur.
O fêtes d'autrefois dans l'aurore sonnées,
O fêtes, qui veniez par le ciel, couronnées
De beaux noms, où tremblait un mystère d'azur !

Les chapelets bénits, consolateurs des veuves,
Ne s'égrèneront plus sous les doigts orphelins.
Il n'est plus le calvaire, où toutes les épreuves,
Comme à la grande mer où se perdent les fleuves,
Noyaient leurs pleurs d'un jour aux vieux sanglots divins.

La foi des nations s'en va, pauvre exilée.
Le mauvais serviteur commande à la maison.
L'étoile du berger aussi s'en est allée ;
Et Notre-Dame en deuil regarde, inconsolée,
Descendre le soleil gothique à l'horizon.

Une lueur encor flotte, à s'éteindre prompte,
Rouge adieu sanglotant des pourpres de jadis.
Nos cœurs ont froid. La nuit d'une angoisse nous dompte...
Écoute !... On chante les derniers *De Profundis* ;
Et voici que le spleen, le spleen lunaire monte !

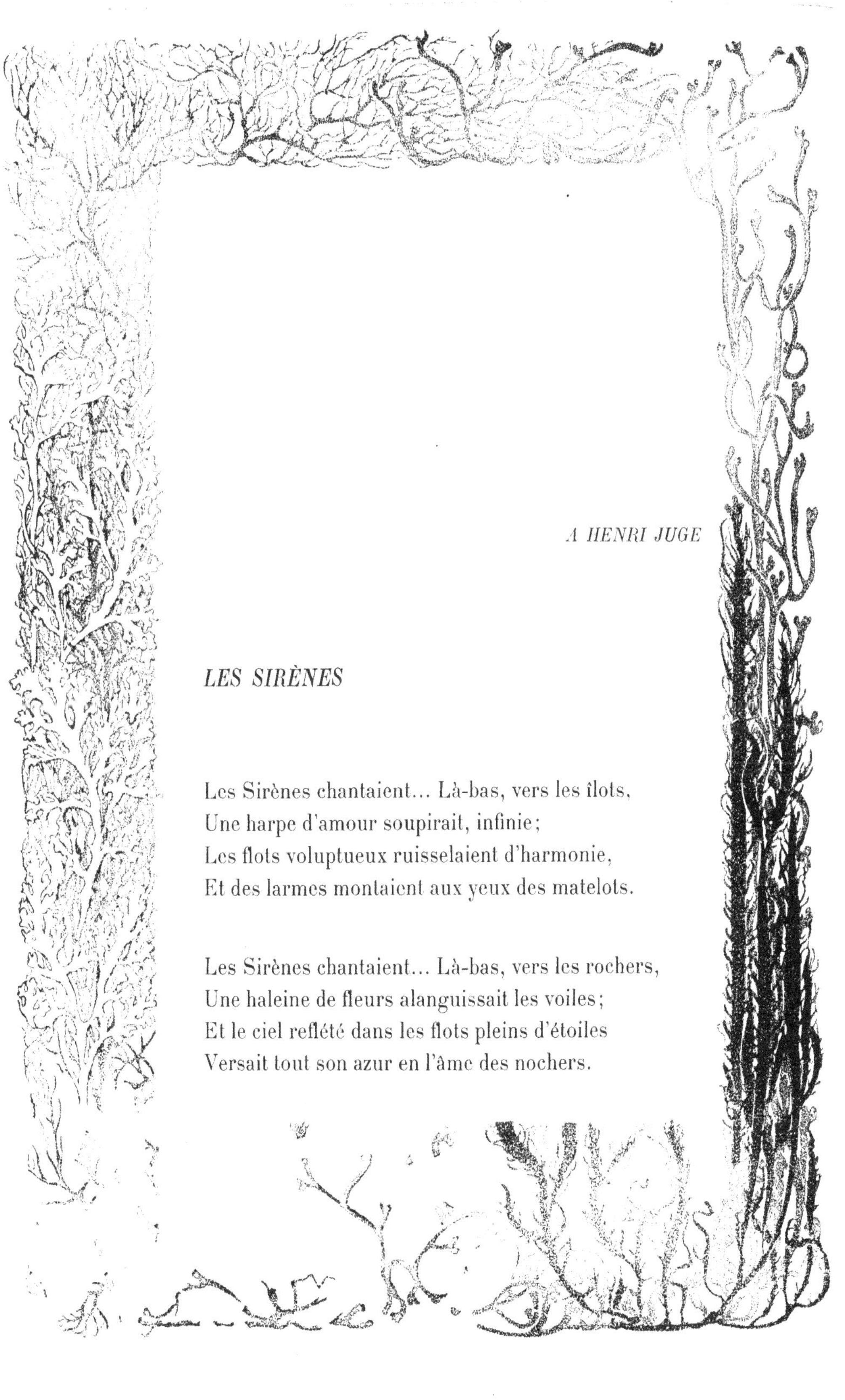

A HENRI JUGE

LES SIRÈNES

Les Sirènes chantaient… Là-bas, vers les îlots,
Une harpe d'amour soupirait, infinie ;
Les flots voluptueux ruisselaient d'harmonie,
Et des larmes montaient aux yeux des matelots.

Les Sirènes chantaient… Là-bas, vers les rochers,
Une haleine de fleurs alanguissait les voiles ;
Et le ciel reflété dans les flots pleins d'étoiles
Versait tout son azur en l'âme des nochers.

Les Sirènes chantaient... Plus tendres à présent,
Leurs voix d'amour pleuraient des larmes dans la brise,
Et c'était une extase où le cœur plein se brise,
Comme un fruit mûr qui s'ouvre au soir d'un jour pesant !

Vers les lointains, fleuris de jardins vaporeux,
Le vaisseau s'en allait, enveloppé de rêves ;
Et là-bas — visions — sur l'or pâle des grèves
Ondulaient vaguement des torses amoureux.

Diaphanes blancheurs dans la nuit émergeant,
Les Sirènes venaient, lentes, tordant leurs queues
Souples, et sous la lune, au long des vagues bleues,
Roulaient et déroulaient leurs volutes d'argent.

Les nacres de leurs chairs sous un liquide émail
Chatoyaient, ruisselant de perles cristallines,
Et leurs seins nus, cambrant leurs rondeurs opalines,
Tendaient lascivement des pointes de corail.

Leurs bras nus suppliants s'ouvraient, immaculés ;
Leurs cheveux blonds flottaient, emmêlés d'algues vertes,
Et, le col renversé, les narines ouvertes,
Elles offraient le ciel dans leurs yeux étoilés !...

Des lyres se mouraient dans l'air harmonieux ;
Suprême, une langueur s'exhalait des calices,
Et les marins pâmés sentaient, lentes délices,
Des velours de baisers se poser sur leurs yeux...

Jusqu'au bout, aux mortels condamnés par le sort,
Chœur fatal et divin, elles faisaient cortège ;
Et, doucement captif entre leurs bras de neige,
Le vaisseau descendait, radieux, dans la mort !

La nuit tiède embaumait... Là-bas, vers les îlots,
Une harpe d'amour soupirait, infinie ;
Et la mer, déroulant ses vagues d'harmonie,
Étendait son linceul bleu sur les matelots.

Les Sirènes chantaient... Mais le temps est passé
Des beaux trépas cueillis en les Syrtes sereines,
Où l'on pouvait mourir aux lèvres des Sirènes,
Et pour jamais dormir sur son rêve enlacé.

Veneris monumenta nefandæ.

Virgile

DESTINS

O femme, chair tragique, exquisement amère
Femme, notre mépris sublime et notre Dieu,
O monstre de douceur et cavale de feu,
Qui galope plus vite encor que la Chimère.

Femme, qui nous attends dans l'ombre au coin du bois,
Quand, chevaliers d'avril, en nos armures neuves
Nous allons vers la vie, et descendons les fleuves
En bateaux pavoisés, le rameau vert aux doigts.

14

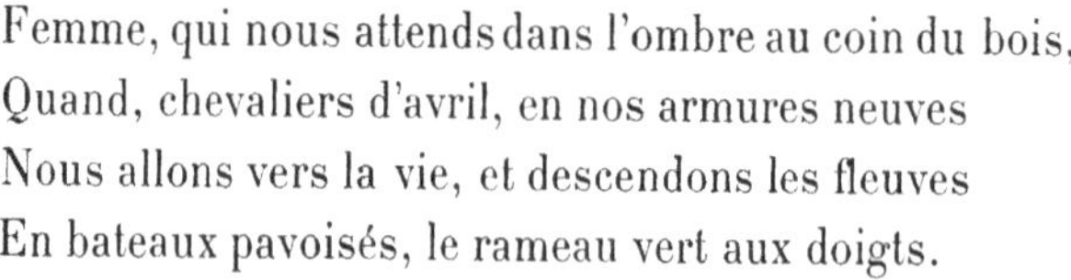

L'oriflamme Espérance aux fraîcheurs matinales
Ondule, et nous ouvrons dans le matin sacré
Nos yeux brillants encor de n'avoir pas pleuré,
Nos yeux promis un jour à tes fêtes fatales.

Aux mirages de l'art, aux froissements du fer,
Le sang rouge à torrents en nous se précipite,
Et notre âme se gonfle, et s'élance, et palpite
Vers l'infini, comme aux approches de la mer !

Toi, debout au miroir et dominant la vie,
Tu peignes tes cheveux splendides lentement,
Et, pour nous voir passer, tu tournes un moment
Tes yeux d'enfant féroce, à qui tout fait envie.

Fleur chaude, fleur de chair balançant ton poison,
Tu te souris, tordant ta nudité hautaine,
Et déjà les parfums de ta robe lointaine
Nagent comme une haleine ardente à l'horizon,

A l'horizon d'espoir et de rêves sublimes,
D'obstacles à franchir d'un orgueil irrité,
Et de sommets divins, où se cabre, indompté,
Le grand cheval ailé, qui hennit aux abîmes !

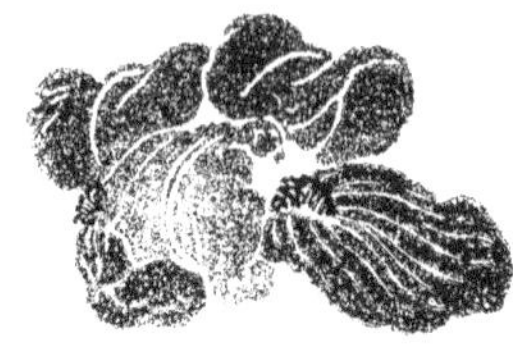
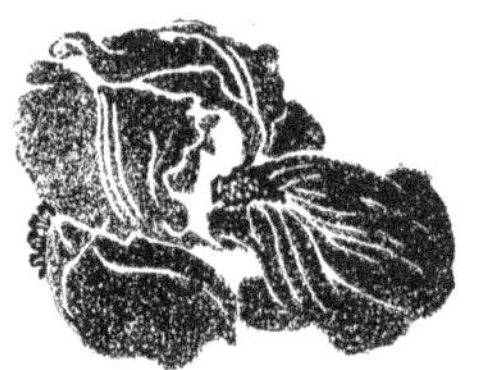

Ah! tu la connais bien, sphynx avide et moqueur,
Cette folle aux yeux d'or qu'à vingt ans l'on épouse,
La Gloire, femme aussi... Lève-toi donc, jalouse,
Debout, et plante-nous ta frénésie au cœur!

Rampe au long des buissons, darde tes yeux de flamme.
Un regard, et déjà la chair folle s'émeut;
Un sourire, et l'alcool de nos sens a pris feu;
Un baiser, et tes dents ont mordu dans notre âme!

A Toi, va, maintenant les sublimes, les fous,
Tous ceux qui s'en allaient aux fêtes inconnues.
Archanges déplumés, précipités des nues.
Oh! comme les voilà rampants à tes genoux!

Tout leur cœur altéré râle vers ta peau rose,
D'où rayonne un désir électrique et brutal.
L'horizon lumineux sombre en un soir fatal,
Et voici s'effondrer la grande apothéose...

Toi cependant, trônant aux ténèbres du lit,
Tu berces leur vieux rêve éteint dans ta chair sourde,
Et tu caches le monde à leur paupière lourde
Avec tes longs cheveux de langueur et d'oubli.

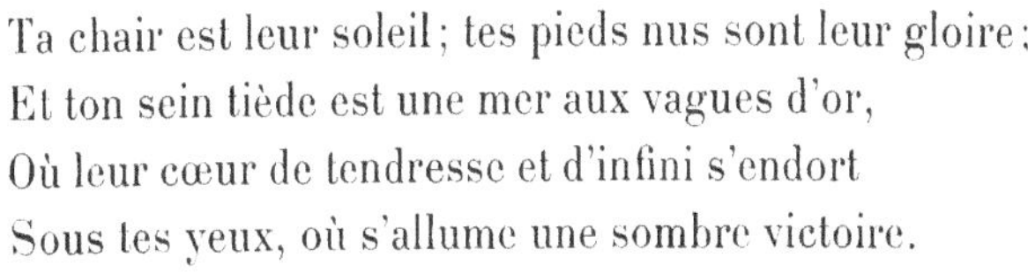

Ta chair est leur soleil; tes pieds nus sont leur gloire;
Et ton sein tiède est une mer aux vagues d'or,
Où leur cœur de tendresse et d'infini s'endort
Sous tes yeux, où s'allume une sombre victoire.

Pour toi seule, à jamais, à jamais, sans remords,
Chante leur sang brûlé par le feu de ta bouche,
Et, souriant du haut de ton orgueil farouche,
Tu refermes sur eux, douce enfin à leur mort,

Tes bras, tes bras profonds et doux comme la mort.

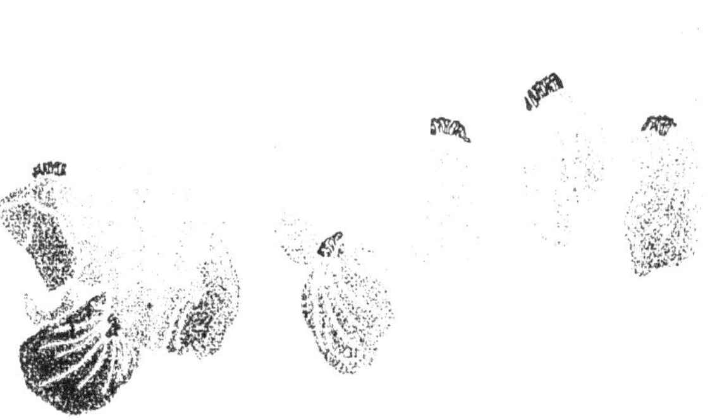

LES COLOMBES

Partout la mer unique étreint l'horizon nu,
L'horizon désastreux où la vieille arche flotte;
Au pied du mât penchant l'Espérance grelotte,
Croisant ses bras transis sur son cœur ingénu.

Depuis mille et mille ans pareils, le soir venu,
L'Ame assise à la barre, immobile pilote,
Regarde éperdument dans l'ombre qui sanglote
Ses colombes s'enfuir vers le port inconnu.

Elles s'en vont là-bas, éparpillant leurs plumes
A travers le vent fou qui les cingle d'écumes,
Ivres du vol sublime enfermé dans leurs flancs ;

Et, chaque lendemain, au jour blême et cynique,
L'arche voit surnager leurs doux cadavres blancs,
Les deux ailes en croix sur la mer ironique.

A LOUIS DENISE

DOULEUR

Douleur, quel sombre instinct dans tes bras nous ramène ?
Pourquoi frémissons-nous cette âpre volupté,
En entendant du fond des violons monter
Le vieil écho profond de la misère humaine ?

Pourquoi nos soirs d'amour n'ont-ils toute douceur
Que si l'âme trop pleine en lourds sanglots s'y brise ?
La Tristesse nous hante avec sa robe grise,
Et vit à nos côtés comme une grande sœur.

Les plus hauts d'entre nous, vaguant par les ténèbres,
Artisans raffinés de leur propre tourment,
Ont taillé leur souffrance ainsi qu'un diamant,
Pour lui faire jeter des éclats plus funèbres.

Et le Cœur dit : « Je suis l'ivrogne furibond.
Certes, la Joie est bonne, et luit couleur de gloire ;
Mais quand c'est la Douleur même qui verse à boire,
Le verre qu'elle tend nous semble si profond !

J'ai soif... A moi le vin des artères brûlantes,
L'amour terrible et doux, l'espoir vermeil des forts !
L'ennui brûle, j'ai soif... Ah ! versez à pleins bords
Le sang jailli des grandes âmes ruisselantes !

L'Orgueil coiffe nos fronts d'un casque triomphant :
Mais je sens des fraîcheurs de torrents et d'eaux vives.
Et d'immenses forêts profondes et plaintives,
Quand la pitié me touche avec sa main d'enfant.

Les dieux puissants vivaient l'éternelle journée,
Assis dans la lumière avec des fronts d'airain,
La croix du Pâle a fait son geste souverain,
Et la terre à genoux vers elle s'est tournée.

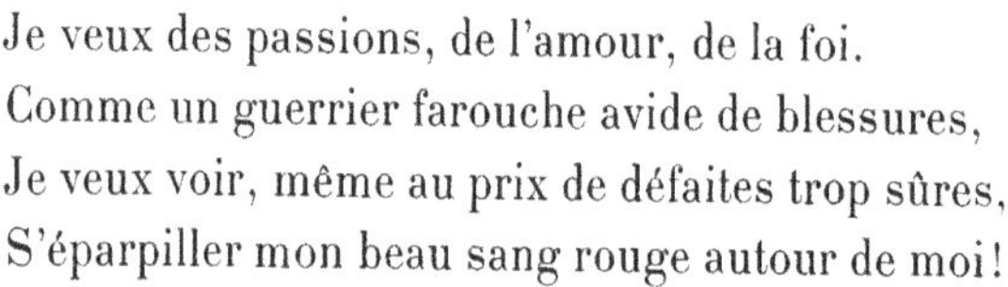

Je veux des passions, de l'amour, de la foi.
Comme un guerrier farouche avide de blessures,
Je veux voir, même au prix de défaites trop sûres,
S'éparpiller mon beau sang rouge autour de moi !

Sous la main qui détient l'or des miséricordes,
Vivre, sentir en soi les houles de la mer,
Tendre — toute en frissons ! — la lyre de la chair ;
Et que la lyre en feu fasse éclater ses cordes !

Car je suis, dans l'ivresse ardente de souffrir,
Frère des grands flambeaux dont le vent tord la flamme,
Et qui, saignant à flots les pourpres de leur âme,
Jettent leurs plus beaux feux à l'heure de mourir. »

I

Le fleuve au vent du soir fait chanter ses roseaux.
Seul je m'en suis allé. — J'ai dénoué l'amarre,
Puis je me suis couché dans ma jonque bizarre,
Sans bruit, de peur de faire envoler les oiseaux.

Et nous sommes partis, tous deux, au fil de l'eau,
Sans savoir où, très lentement. — O charme rare,
Que donne un inconnu fluide où l'on s'égare!...
Par instants, j'arrêtais quelque frêle rameau,

Et je restais, bercé sur un flot d'indolence,
A respirer ton âme, ô beau soir de silence!...
Car j'ai l'amour subtil du crépuscule fin;

L'eau musicale et triste est la sœur de mon rêve;
Ma tasse est diaphane, et je porte, sans fin,
Un cœur mélancolique où la lune se lève.

II

La vie est une fleur que je respire à peine,
Car tout parfum terrestre est douloureux au fond.
J'ignore l'heure vaine, et les hommes qui vont;
Et dans l'Ile d'Émail ma fantaisie est reine.

Mes bonheurs délicats sont faits de porcelaine,
Je n'y touche jamais qu'avec un soin profond;
Et l'azur fin, qu'exhale en fumant mon thé blond,
En sa fuite odorante emporte au loin ma peine.

J'habite un kiosque rose au fond du merveilleux.
J'y passe tout le jour à voir de ma fenêtre
Les fleuves d'or parmi les paysages bleus;

Et, poète royal en robe vermillon,
Autour de l'éventail fleuri qui l'a fait naître,
Je regarde voler mon rêve, papillon.

III

Je n'ai plus le grand cœur des époques nubiles,
Où mon sang eût jailli, superbe, en maints combats.
Le sang coule si rare en l'Empire si las!
Et le fer truculent meurtrit nos yeux débiles.

Trop riche du trésor des papyrus falots,
Notre âme sous son poids de sagesse succombe.
Nos dieux sont décrépits, et la misère en tombe.
L'Espérance est avare, et nous naissons vieillots.

Tournant sur ses genoux ses pouces symboliques,
Notre esprit séculaire, encombré de reliques,
Tisse l'or compliqué des rêves précieux.

Craintive et repliée au centre de sa vie,
Notre âme est sans amour, sans haine, sans envie ;
Et l'Ennui dans nos cœurs neige, silencieux...

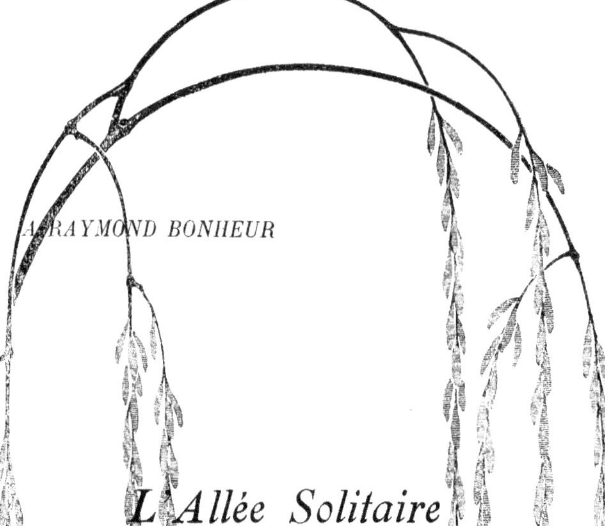

L'Allée Solitaire

Crois bien qu'il y aura toujours de
la solitude sur la terre pour ceux
qui en seront dignes.

VILLIERS DE L'ISLE-ADAM

CARLOS SCHWABE 1903

VEILLÉE

Penser. Seul dans la nuit sibylline frémir !…
Être pareil au feu, pur, subtil et vivace ;
Et, respirant l'Idée errante dans l'espace,
Sentir, ainsi qu'un dieu, son front mortel grandir.

Ordonner à son sang héroïque d'agir ;
Quitter ses vanités pauvres, clinquant et crasse ;
Et revêtant l'orgueil, claire et bonne cuirasse,
D'un élan ivre, au seuil de l'infini surgir !

Sentir passer en soi, comme une onde ruisselle,
Le flot mélodieux de l'âme universelle,
Entendre dans son cœur le ciel même qui bat ;

Et comme un Salomon, lourd de magnificences,
Voir dans un faste d'or, de pierres et d'essences,
Venir à soi son œuvre en reine de Saba.

Des soirs fiévreux et forts comme une venaison,
Mon âme traîne en soi l'ennui d'un vieil Hérode ;
Et prostrée aux coussins, où son mal la taraude,
Trouve à toute pensée un goût de trahison.

Pour fuir le désespoir qui souffre à l'horizon,
Elle appelle la sombre danseuse qui rôde,
Et Salomé vient dans la salle basse et chaude
Secouer le péché touffu de sa toison.

Elle danse!... Oh! pendant qu'avec l'éclat des pierres
Au soleil, tes deux yeux brûlent dans leurs paupières,
Mon âme, entends-tu pas bêler dans le verger?

Tu le sais bien pourtant quel enfer te l'amène,
Et qu'elle va, ce soir, réclamer pour sa peine
L'Agneau blanc de ton pauvre cœur pour l'égorger.

Le siècle d'or se gâte ainsi qu'un fruit meurtri.
Le Cœur est solitaire, et nul Sauveur n'enseigne…
Ces gouttes dans la nuit?… C'est ton âme qui saigne !
Qui de nous le premier va jeter un grand cri?

Un mal ronge le monde au cœur comme une teigne,
Car la lettre charnelle a suborné l'esprit,
Et nul ne voit le mur où la main chaste écrit :
« Que le feu de la fête impudique s'éteigne ! »

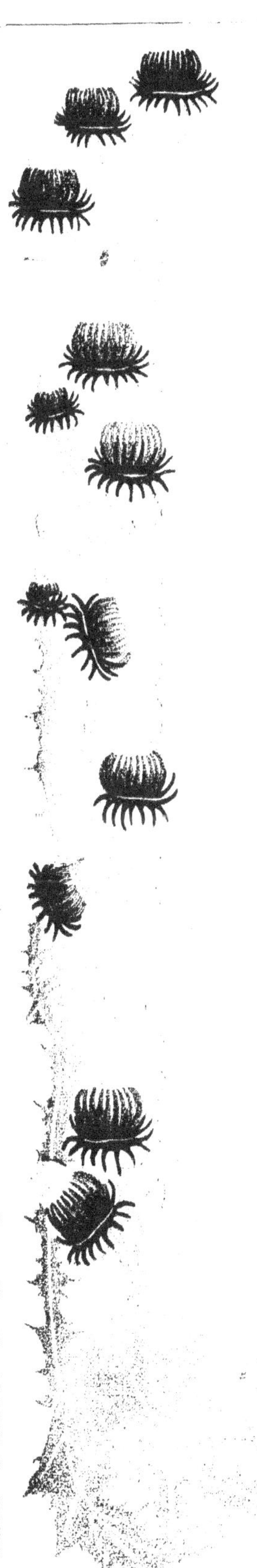

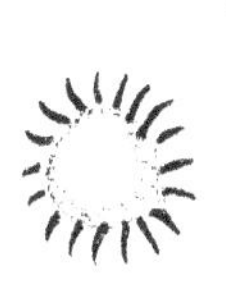

L'œil morne a parjuré la lumière bénie ;
Et la lampe, soleil fiévreux de l'insomnie,
Luit seule en nos tombeaux d'or sombre et de velours,

Où, pâle et succombant sous ses colliers trop lourds,
Aux sons plus torturés de l'archet plus acide,
L'Art, languide énervé, — suprême ! — se suicide.

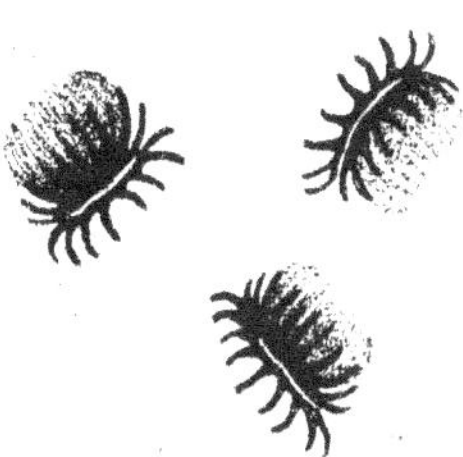

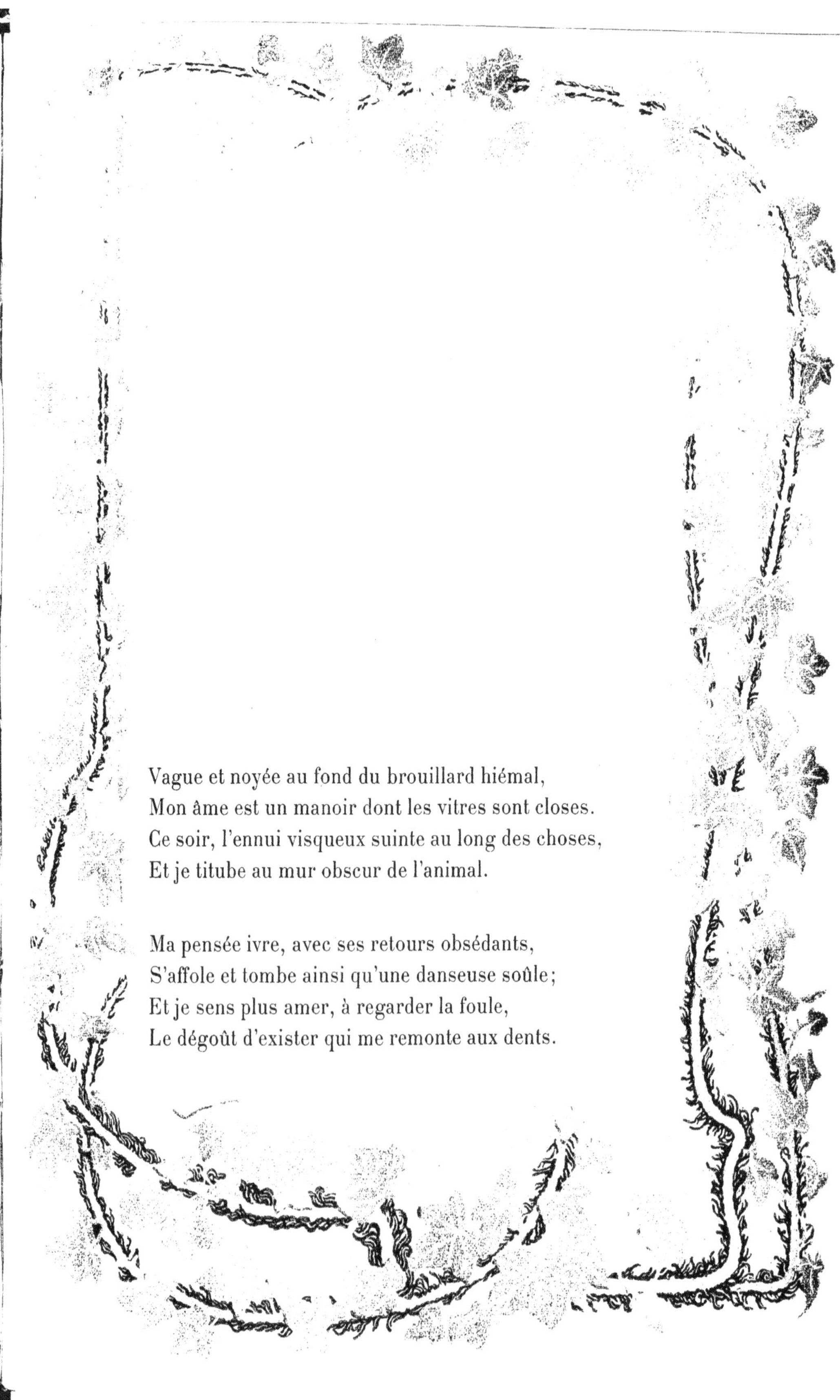

Vague et noyée au fond du brouillard hiémal,
Mon âme est un manoir dont les vitres sont closes.
Ce soir, l'ennui visqueux suinte au long des choses,
Et je titube au mur obscur de l'animal.

Ma pensée ivre, avec ses retours obsédants,
S'affole et tombe ainsi qu'une danseuse soûle;
Et je sens plus amer, à regarder la foule,
Le dégoût d'exister qui me remonte aux dents.

Un lugubre hibou tournoie en mon front vide ;
Mon cœur sous les rameaux d'un silence torpide
S'endort comme un marais violâtre et fiévreux.

Et toujours, à travers mes yeux, vitres bizarres,
Je vois — vers l'Orient étouffant et cuivreux —
Des cités d'or nager dans des couchants barbares.

Il est d'étranges soirs, où les fleurs ont une âme,
Où dans l'air énervé flotte du repentir,
Où sur la vague lente et lourde d'un soupir
Le cœur le plus secret aux lèvres vient mourir.
Il est d'étranges soirs, où les fleurs ont une âme,
Et, ces soirs-là, je vais tendre comme une femme.

Il est de clairs matins, de roses se coiffant,
Où l'âme a des gaîtés d'eaux vives dans les roches,
Où le cœur est un ciel de Pâques plein de cloches,
Où la chair est sans tache et l'esprit sans reproches.
Il est de clairs matins, de roses se coiffant,
Ces matins-là, je vais joyeux comme un enfant.

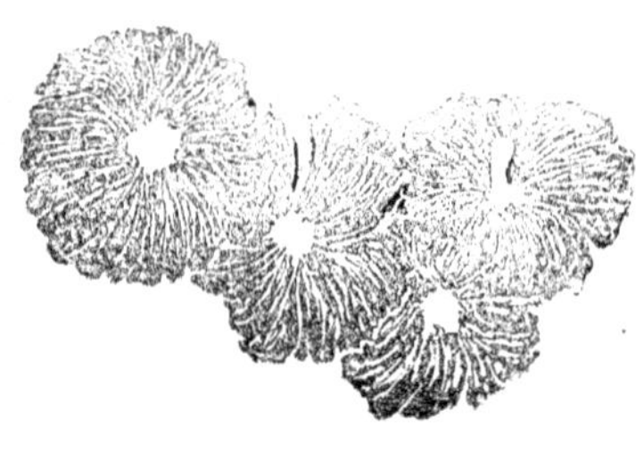

Il est de mornes jours, où, las de se connaître,
Le cœur, vieux de mille ans, s'assied sur son butin,
Où le plus cher passé semble un décor déteint
Où s'agite un minable et vague cabotin.
Il est de mornes jours, las du poids de connaître,
Et, ces jours-là, je vais courbé comme un ancêtre.

Il est des nuits de doute, où l'angoisse vous tord,
Où l'âme, au bout de la spirale descendue,
Pâle et sur l'infini terrible suspendue,
Sent le vent de l'abîme, et recule éperdue!
Il est des nuits de doute, où l'angoisse vous tord,
Et, ces nuits-là, je suis dans l'ombre comme un mort.

Le Bouc noir passe au fond des ténèbres malsaines.
C'est un soir rouge et nu! Tes dernières pudeurs
Râlent dans une mare énervante d'odeurs;
Et minuit sonne au cœur des sorcières obscènes.

Le simoun du désir a balayé la plaine!...
Plongée en tes cheveux pleins d'une âcre vapeur,
Ma chair couve ta chair, et rumine en torpeur
L'amour qui doit demain engendrer de la haine.

17

Face à face nos Sens, encore inapaisés,
Se dévorent avec des yeux stigmatisés ;
Et nos cœurs desséchés sont pareils à des pierres.

La Bête Ardente a fait litière de nos corps ;
Et, comme il est prescrit quand on veille des morts,
Nos âmes à genoux — là-haut — sont en prières.

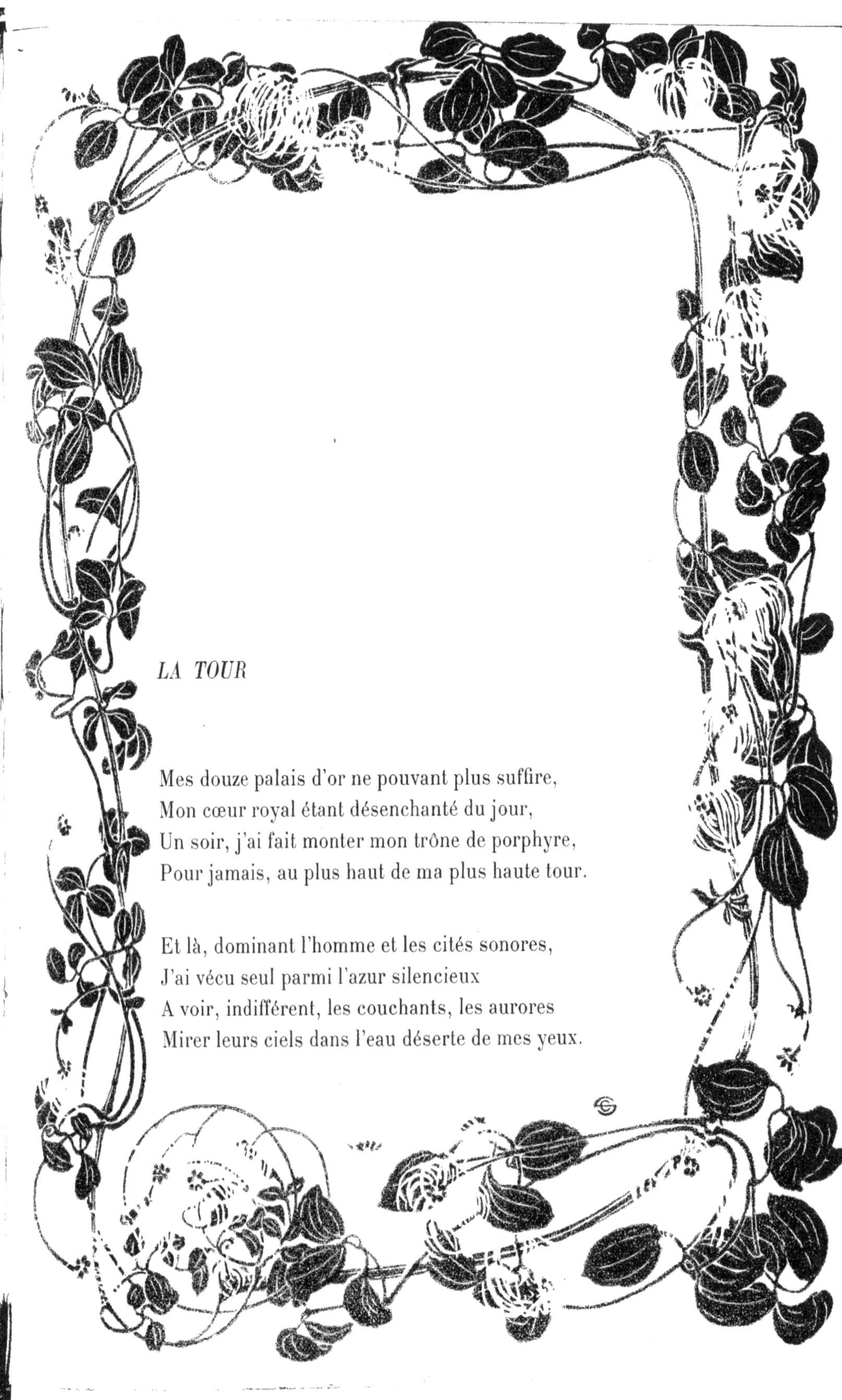

LA TOUR

Mes douze palais d'or ne pouvant plus suffire,
Mon cœur royal étant désenchanté du jour,
Un soir, j'ai fait monter mon trône de porphyre,
Pour jamais, au plus haut de ma plus haute tour.

Et là, dominant l'homme et les cités sonores,
J'ai vécu seul parmi l'azur silencieux
A voir, indifférent, les couchants, les aurores
Mirer leurs ciels dans l'eau déserte de mes yeux.

Pâle je vis, le goût de la mort à la bouche.
La Terre est sous mes pieds comme un chien qui se couche.
Mes mains flottent parmi les étoiles, la nuit.

Rien n'a distrait mes yeux immobiles sans trêve ;
Rien n'a rempli mon cœur toujours vide, qui rêve
Sur l'incommensurable mer de mon ennui ;

Et le Néant m'a fait une âme comme lui.

La Vie est comme un grand violon qui sanglote,
Et le peuple obstiné, qui grouille aux carrefours,
Marche dans cette angoisse, et fourmille, et clapote,
Ivre de verser l'heure au tonneau vain des jours.

L'Art seul, rare et désert, magicien des moelles,
D'un séraphique archet de diamant et d'or,
Triste, laisse tomber des notes en étoiles,
Et suscite l'immense extase d'une mort.

Des cœurs flétris ! Des cœurs meurtris ! Larmes et luttes !
Quand tu peux, dans un ciel de lyres et de flûtes,
Épanouir ton âme exquise en rêves-fleurs…

Au-dessus de la terre acharnée et falote,
La Vie est comme un grand violon qui sanglote…
O mon cœur, laisse-moi m'envelopper d'*ailleurs*.

Laisse la rue à ceux que leur âme importune.
Pour toi, respire ainsi qu'un trésor clandestin
Le lis de solitude à ton balcon hautain,
Et joue avec les blonds cheveux de la Fortune.

Tas d'affamés serrés à la table commune,
Laisse aux autres leur part hâtive du festin ;
Et que tes vers, secrets ainsi que ton destin,
Montent comme un jet d'eau de minuit vers la lune.

Au fond du sanctuaire écoute l'Art devin
Prophétiser ton âme, et vers l'Œuvre divin
Lève ton cœur ainsi qu'un ciboire d'or fin.

Pense, domine l'Age, et respire l'Espace.
N'espère pas ; l'Espoir est un oiseau rapace.
Vis, si tu peux, dans l'éternel l'heure qui passe.

Fleurs suspectes, miroirs ténébreux, vices rares,
Certes tu fréquentas maint rêve inquiétant;
Et, vin noir décanté dans des coupes bizarres,
Tu bus à larges traits l'Artifice excitant.

Mais voici que déjà, las des vaines fanfares,
Tu songes au profond silence où l'on s'entend;
Et tu cherches la côte où brillent les vieux phares,
Et c'est la maison blanche aujourd'hui qui t'attend.

18

Va, ne t'attarde plus aux parades étranges.
Si la vie a rentré quelque blé dans tes granges,
Fais ton pain simplement dans la paix du Seigneur.

Surtout, naïf badaud des enseignes de gloire,
Ne t'en va point chercher du clinquant à la foire
Pour les beaux fils de ta joie et de ta douleur,

Et rentre enfin dans la vérité de ton cœur.

ÉVOCATIONS

VAS TRISTITIÆ

L'ALLÉE SOLITAIRE

Achevé d'imprimer à Paris
le 30 septembre 1908
sur les presses à bras de l'Imprimerie Lahure.
Jattefaux étant prote à la composition,
Tissier prote aux machines,
Guillaume metteur en pages,
Dupont pressier.